Karl Haenchen

Die deutsche Flotte von 1848

Karl Haenchen

Die deutsche Flotte von 1848

ISBN/EAN: 9783954271870
Erscheinungsjahr: 2012
Erscheinungsort: Bremen, Deutschland

© maritimepress in Europäischer Hochschulverlag GmbH & Co. KG, Fahrenheitstr. 1, 28359 Bremen. Alle Rechte beim Verlag und bei den jeweiligen Lizenzgebern.

www.maritimepress.de | office@maritimepress.de

Bei diesem Titel handelt es sich um den Nachdruck eines historischen, lange vergriffenen Buches. Da elektronische Druckvorlagen für diese Titel nicht existieren, musste auf alte Vorlagen zurückgegriffen werden. Hieraus zwangsläufig resultierende Qualitätsverluste bitten wir zu entschuldigen.

Die deutsche Flotte von 1848

von

Dr. Karl Haenchen

Friesen-Verlag Bremen

Vorwort

Die Tage der alten Hanse sind längst verrauscht, aber der Dichter sagt: „Wohl dem, der seiner Väter gern gedenkt!" In der trüben Gegenwart haben wir mehr als sonst Veranlassung, uns Kraft und Stärke aus Deutschlands großer Vergangenheit zu holen. Wie könnte es anders sein, als daß wir Niederdeutschen und Küstenbewohner da zuerst an die große Zeit der Hanse denken, da das kraftvolle Bürgertum unserer Städte mit dem Austausch der Güter auch seine Kultur hinübertrug über die Nord- und Ostsee und die Gestade von Brügge bis Reval von ihren hochbordigen Schiffen befahren wurden. Zu einer Zeit, wo kein Kaiser die deutschen Interessen außerhalb unserer Grenzen zu schützen vermochte, hat die Tüchtigkeit niederdeutscher Bürger deutsche Wirtschafts- und Seegeltung im fernen Lande behauptet, bald vorsichtig und auf dem Wege der Unterhandlung, bald, wenn es nicht anders sein konnte, mit der Schärfe des Schwertes, immer voller Wagemut und männlicher Energie. Und was ihr kühner Kaufmannsgeist erwarb, das fand daheim seinen Niederschlag in jener mittelalterlichen Städtekultur, die noch heute den Beschauer erstaunt und entzückt.

Diese Hefte, die in zwangloser Folge fortgesetzt werden sollen, wenden sich an das deutsche Volk in seinen breitesten Schichten. Sie sollen in dunklen Tagen die Liebe zum Vaterlande und das Vertrauen in unsere unversiegbare Volkskraft wecken und stärken.

Der Herausgeber.

Die deutsche Flotte von 1848

Von

Dr. Karl Haenchen.

Die deutsche Flotte von 1848 ist heute eine halbverklungene Sage. Selbst umfangreiche Geschichtsbücher, die die deutsche Geschichte des 19. Jahrhunderts erzählen, gehen über sie mit Schweigen hinweg. Auf den Schulen wird sie im Geschichts= unterricht bestenfalls mit zwei, drei Sätzen „erwähnt", als Kuriosum, und gewöhnlich mit gutmütig=spöttischem Unterton. Gewiß, sie war zu früh geboren, um es zu einem langen Leben zu bringen; sie nahm etwas vorweg, wofür man den Grund noch nicht gelegt hatte; sie war — um ein bekanntes Wort des großen Friedrich anzuwenden — ein zweiter Schritt, ehe der erste getan war. Darum hat sie keinen glänzenden Aufstieg genommen wie die Marine Wilhelms II., sie hat kein Skagerrak aufzuweisen, keine „Möwe" oder „Emden", und der Name ihres Führers ist so gut wie verschollen. Nur in ihrem jähen Sterben ähneln sich beide, die in der Revolution von 1848 entstandene und die in der Revolution von 1918 ver= sunkene, wenngleich wenigstens der letzte Tag der kaiserlichen Flotte in Scapa Flow noch von einem Abendschimmer heldischen Lichtes verklärt ist, während bei jener in das trübe Grau ihres unrühmlichen Endes kein heller Strahl mehr fiel. Aber dennoch sollte die Erinnerung an sie uns teuer sein. Soviel Fragwürdiges ihr anhaftete, sie war doch (nach dem Zeugnis einer zeitgenössischen Flugschrift) der Ausdruck des Bewußtseins, daß „Deutschland an der Schwelle einer neuen Epoche seiner Geschichte stehe, berufen, eine veränderte Stellung im Weltleben einzunehmen"; noch mehr: sie entstammte der Erkenntnis einer geschichtlichen Wahrheit, die wir auch heute nicht vergessen dürfen, daß nämlich „nur diejenigen Völker ihre nationale Wohlfahrt auf die Dauer bewahrt haben, welche gleichmäßig zu See und zu Lande ihr Recht und ihre Ehre waffenrüstig zu behaupten vermochten". Was Jahr=

hunderte versäumt hatten, sollte sie mit einem Schlage nachholen; das war der einmütige Wunsch der deutschen Nation. Aber es fehlte die Vorbedingung für ihren Bestand: daß diese Nation geeinigt war in einem starken nationalen Staat. Einen Augenblick schien er vorhanden; allein es war nur eine Art Fata Morgana am rosenfarbenen Morgenhimmel der nationalen Hoffnungen. Den alten Geist der Zwietracht gelang es nicht zu überwinden, und damit war ihr Schicksal besiegelt. Heute haben wir das Reich; ist es auch verstümmelt und entkräftet, so ward es doch durch Krieg und Umsturz hindurchgerettet, und wir sind des festen Willens, es zu behaupten. Deshalb darf auch der Flottengedanke, obwohl er schwere Schläge erhalten hat, nicht untergehen. Ihm zu dienen, sei darum hier der Versuch gemacht, das kurze Kapitel der ersten deutschen Flottengründung schlicht und ohne gelehrtes Beiwerk zu erzählen.

I. Das Erwachen des Flottengedankens.

1.

Die Neuordnung Deutschlands auf dem Wiener Kongreß (1815) ließ den deutschen Außenhandel ohne Schutz. Es gab dem Auslande gegenüber, was den Handel betraf, kein Deutschland. Es kannte nur die drei Hansestädte, Hannover, Oldenburg, Mecklenburg, Preußen und Österreich und schloß mit jedem seine besonderen, oft voneinander sehr abweichenden Verträge. Statt einer deutschen Flagge zählte man über ein Dutzend Einzelflaggen. Bis 1848 ließ sich beispielsweise Rostock nicht bewegen, wenigstens die mecklenburgische Flagge anzunehmen, und die Grafschaft Knyphausen hielt hartnäckig an der Ehre fest, auf ihren wenigen Schiffen statt der oldenburgischen die stolze Knyphauser Flagge zu führen. Dementsprechend besaß jeder der genannten Seestaaten seine eigne konsularische Vertretung im Auslande, sogenannte Wahlkonsuln, die ihre Stellung ehrenamtlich versahen. Um die Mitte des 19. Jahrhunderts zählte Preußen deren etwa 230, Hamburg 175, Hannover 162, Österreich 123, Lübeck 105, Bremen 102, Mecklenburg und Oldenburg je 56. Daß sie, die man als „Konsuln ohne Kanonen" verspottete, einen wirklichen Schutz nicht gewähren konnten, lag auf der Hand. Sie versagten auch in kleinen Dingen: deutsche Seeleute suchten in überseeischen

Küstenplätzen gegen vermeintliche Unbill seitens ihrer Vorgesetzten oft nicht bei ihnen, sondern bei britischen Kriegsschiffen Hilfe. In ernsteren Fällen stand es so, wie es noch 1848 ein Flottenschriftsteller klagend ausführt: „Was sollen wir machen, wenn es jetzt dem Pascha von Ägypten oder dem Dei von Tunis oder der Republik von Paraguay oder dem König von Sardinien einfällt, der deutschen Flagge den schimpflichsten Hohn anzutun? Nichts, garnichts als demütiges Bitten und Flehen bleibt uns übrig, oder wir müssen, wie bisher immer, uns an andere Staaten wenden und diese bitten, uns Schutz zu gewähren, da wir es selbst nicht vermögen." Dies war kein Trugbild einer ängstlichen Phantasie. Es war noch nicht so lange her, daß deutsche Schiffe sich sogar den Korsaren der nordafrikanischen Küste, den Barbaresken, wehrlos preisgegeben sahen. Diese bildeten, wie in früheren Zeiten, auch im zweiten und dritten Jahrzehnt des Jahrhunderts wieder den Schrecken des Mittelmeeres und der Südwestküste Europas, und die Mächte, England eingeschlossen, vermochten sich zu ihrer Bekämpfung nicht zu einigen. Ja, jene Seeräuber drangen, man glaubt es kaum, bis in die friedliche Ostsee vor, plünderten unter der deutschen Küste deutsche Schiffe und schleppten die Matrosen in die Sklaverei. Noch 1829 waren die Hansestädte, entsprechend früherer Gepflogenheit, bereit, als Preis für die Sicherung ihrer Schiffahrt „dem erhabenen und ruhmwürdigen Monarchen, dem mächtigen und sehr edlen Fürsten, seiner kaiserlichen Majestät Sultan Abderrhaman" von Marokko und ebenso den drei andern afrikanischen Raubstaaten einen laufenden Tribut zu zahlen; als Gesamtsumme waren 20 000 Piaster in Aussicht genommen. Es kam gottlob nicht mehr dazu; die französische Eroberung Algiers (1830) brachte das Räubergesindel für die nächste Zeit zur Ruhe. Ist es ein Wunder, wenn unter solchen Umständen das Sichducken und Verstecken unter fremder Flagge eine gern geübte deutsche Gewohnheit war? Denn die Güter, die auf See schwammen, stellten bedeutende Werte dar. Anfang 1848 berechnete man den Bestand der deutschen Reederei (die 1500 österreichischen Schiffe eingeschlossen) auf 6800 Schiffe mit einem Raumgehalt von fast 900 000 Tonnen. Das war eine Handelsmarine, die, wie der Bremer Senator Duckwitz zum allgemeinen Erstaunen kurz vorher nachgewiesen hatte, in Europa an zweiter Stelle stand und nur von der englischen übertroffen wurde. Das kleine Stettin besaß mehr Handelsschiffe als das ganze Belgien, und Bremen verfügte über mehr große Schiffe von 500 Last aufwärts als Frankreich. Diese Güter zu schützen, wäre der Mühe wert gewesen, aber ein Deutschland gab es nicht, und der Deutsche Bund war nicht gewillt, deutsche Belange wahrzunehmen.

2.

Das zeigte sich schon 1817, als infolge der Barbareskengefahr die drei Hansestädte beim Bunde wegen gemeinsamer Abwehrmaßnahmen vorstellig wurden. Der Bericht der daraufhin eingesetzten Kommission endigte im wesentlichen in dem Gedanken, daß ohne die Unterstützung der Seemächte, namentlich Englands, nichts zu machen sei. Nur der badische Bundesvertreter Mandelsloh forderte zu eigener Rüstung auf. Sollte, so fragte er, das Volk, das einst den gewaltigen Seeräuberbund der Vitalienbrüder vernichtete, nicht imstande sein, einige Fregatten in See zu stellen und ein paar elende Raubschiffe aus den deutschen Meeren zu vertreiben? Die hohe Bundesversammlung blieb gegenüber solchen mannhaften Worten auf beiden Ohren taub, und damit war für sie diese Sache endgültig erledigt. Aber auch die Einzelstaaten taten nichts für eine Verteidigung zur See, nicht einmal Preußen mit seiner langen Ostseeküste. Zwar wurden hier wiederholt Marinepläne hin und her erwogen, Kommissionen traten zusammen und gaben ihre recht vernünftigen Ansichten, die sie aus ihrer Arbeit gewonnen hatten, zumeist etwas schüchtern, an die höheren Stellen weiter, aber die besten Gedanken konnten nicht zur Tat werden, immer wieder fehlte es an Geld. So blieb es im Kern richtig, wenn einmal ein preußischer General eine Flottendenkschrift mit den Worten begann: „Da das Wasser bekanntlich nicht unser Element ist." Im Jahre 1843 lief die Korvette „Amazone" vom Stapel, ein wirkliches Kriegsschiff; sie war aber nur zur Ausbildung von Navigationsschülern der Handelsflotte bestimmt; bezeichnenderweise stand sie unter dem Befehl eines dänischen Kapitäns. Außerdem lagen an der Ostseeküste noch zwei Kanonenjollen, die einst gebaut waren in der Absicht einer „lokalen Armierungsmaßregel" und damit man für den Kriegsfall „Muster und Modelle" besäße. Das war kein Grundstock, auf dem eine deutsche Flotte hätte aufgebaut werden können. Auch an der Nordsee schlief alles, und die österreichische Adriaflotte, die auf der seemännischen Bevölkerung der ehemaligen venetianischen Republik beruhte, kam für deutsche Zwecke gleichfalls nicht in Frage.

Während so die Regierungen sich nicht zu Taten aufraffen konnten oder wollten, blieb das Feld denen überlassen, die keine andere Waffe führten als das Wort und die Feder, den Schriftstellern. Sie sind es, die den Samen streuen. Schon 1818 wurde vereinzelt die Forderung nach einer deutschen Flagge erhoben, andere griffen sie auf, z. B. der antipiratische Verein in Hamburg, sowie der große Volkswirtschaftler Friedrich List, und nun verschwand sie nicht mehr von der Tagesordnung. Die Steigerung des nationalen Selbstgefühls, die mit dem Anwachsen des von Preußen gegründeten Zollvereins verbunden war, und die gewaltig aufflammende Erregung angesichts der französischen Kriegsdrohungen von 1840 verschafften solchen Wünschen weiten Widerhall. Dazu bewirkten die wirtschaftlichen Fortschritte und Einheitsbestrebungen, das Aufblühen des Überseehandels und die engere Verbindung des deutschen Binnenlandes mit der Küste infolge wachsender Verkehrserleichterung, daß immer weitere Kreise auf den Zusammenhang zwischen Wirtschaft und Seemacht aufmerksam wurden. Und so rief man mit lauter Stimme nach einer deutschen Kriegsflotte zum Schutze des deutschen Handels, vor allen wieder Friedrich List. Das Wort „Seegeltung" tauchte auf. Hinzu trat die Auswandererfrage. Die stark zunehmende Bevölkerung Deutschlands floß zu einem großen Teile nach außen ab, fast ausschließlich nach Amerika. Von 1836—1843 gingen jährlich durchschnittlich 20 000—30 000 Deutsche über das große Wasser, 1844 gegen 43 000, 1845 gegen 67 000, im Jahre 1847 allein über Bremen 33 682. Nicht nur traten hierdurch auch zahllose Daheimgebliebene zu Meer und Seemacht in eine gewisse Beziehung, man erhob sich zu dem Gedanken des Erwerbs von Siedlungskolonien, um diese Massen dort unterzubringen, damit sie Deutschland nicht verloren gingen, und meinte, „diese Auswanderung auf eine für das Vaterland vorteilhafte Weise nur unter dem Schutze einer bewaffneten Flotte regulieren" zu können. Auch Preußen mußte damals seine Ohnmacht zur See fühlbar spüren. Noch immer erhoben die Dänen ihren Sundzoll, der den Ostseehandel schwer belastete, und als 1842 nach Ablauf des alten Vertrages neue Verhandlungen darüber eröffnet wurden, hatten die Preußen kein Mittel in der Hand, dem hartnäckigen Gegner die Ablösung der drückenden Abgabe abzutrotzen. Mit Entrüstung und Scham erfuhr die Öffentlichkeit von diesen demütigenden Verhältnissen. Und wie alles in Deutschland, was die Seelen in ihrer Tiefe bewegt, auch seinen dichterischen Ausdruck findet, so erscholl der Ruf nach einer Flotte auch aus Dichtermund. Dem Lübecker Emanuel Geibel erscheinen im Ratskeller seiner Vaterstadt die Helden der alten Hanse, klagend über die Schmach der Zeit, und er hört Wullenweber ausrufen:

„Frisch auf, mein Volk! Du großes Vaterland,
Treueinig, wie ich's nimmer durfte schauen!
Vollführe du, was mir im Herzen stand,
Zu Masten laß des Forstes Tannen hauen!
Dein sei der S u n d , der dich nach Westen weist,
Der Weg des Meeres dein, ein glorreich Lehen!
Mit Kugeln gib den Z o l l! Es soll mein Geist
Am Steuer deines Heerschiffs stehen!"

Am schönsten aber klang in seinem edlen Feuer 1841 Georg Herweghs hochfliegendes Lied von der deutschen Flotte, dessen Anfang gleichfalls hier stehen möge:

„Erwach, mein Volk, mit neuen Sinnen!
Blick in des Schicksals goldnes Buch,
Lies aus den Sternen dir den Spruch:
Du sollst die Welt gewinnen!
Erwach, mein Volk, heiß deine Töchter spinnen!
Wir brauchen wieder einmal deutsches Linnen
Zu deutschem Segeltuch.
Hinweg die feige Knechtsgebärde;
Zerbrich der Heimat Schneckenhaus,
Zieh mutig in die Welt hinaus,
Daß sie dein Eigen werde!
Du bist der Hirt der großen Völkerherde,
Du bist das große Hoffnungsvolk der Erde:
Drum wirf den Anker aus!"

3.

Das waren große und stolze Worte, aber sie bargen doch höchstens ein Zukunftsprogramm, welches vielleicht in zäher Arbeit ganzer Generationen zu verwirklichen war; die tatsächlichen Verhältnisse entsprachen ihnen in keiner Weise. Immerhin wurde der enthusiastische Gedanke einer deutschen Kriegsflotte Gemeingut aller Kreise, denen die Sehnsucht nach nationaler Einigung Deutschlands im Herzen brannte. Das kam zu überraschendem Ausdruck, als nun im Jahre 1848 die Revolution diese Kreise auf einige Zeit in den Vordergrund des Geschehens riß und der Kampf Schleswig-Holsteins gegen Dänemark zu einer nationalen Angelegenheit ersten Ranges wurde.

Das Revolutionsjahr 1848 ist eins der buntesten der deutschen Geschichte, in seinen Verwickelungen schwer übersehbar und hier auf engem Raume nicht darzustellen. Wir werden nur im weiteren Fortschreiten unserer Erzählung einzelne Züge mit leichten Strichen nachzuziehen haben. Es würde uns auch zu weit von unserer Aufgabe entfernen, wenn wir die Entwicklung der sogenannten schleswig-holsteinischen Frage wiedergeben wollten. Es mag genügen, die wichtigsten Tatsachen in die Erinnerung zurückzurufen. Beide Herzogtümer, Schleswig wie Holstein, waren einst durch die Wahl ihrer Stände mit Dänemark durch Personalunion verbunden worden; beide erfreuten sich einer einheitlichen ständischen Verfassung. Schleswig galt, wenn es auch nur nördlich der Wiedau und der Flensburger Bucht eine fast geschlossene dänische Bevölkerung enthielt, völkerrechtlich als ein Teil Dänemarks; Holstein gehörte zum Deutschen Bunde. Als nun im Laufe des 19. Jahrhunderts der nationale und konstitutionelle Gedanke auch in Dänemark Kraft gewann, erstrebte man dort eine Gesamtstaatsverfassung, d. h. eine Verfassung, die beide Herzogtümer mit einschließen und zu dänischen Provinzen herabdrücken sollte, oder wenigstens doch volle Einverleibung Schleswigs und Absonderung Holsteins in bloßer Personalunion. Beides erregte bei der schleswig-holsteinischen Bevölkerung einen immer heftigeren Widerstand. Man wollte die alten ständischen Rechte nicht preisgeben und wollte „up ewig ungedeelt" bleiben. Im Zusammenhang mit dem Plan, eine Gesamtstaatsverfassung durchzuführen, stand für die dänische Krone die Notwendigkeit, in den Herzogtümern das dänische Erbfolgerecht einzuführen, wenn sie bei dem bald zu erwartenden Aussterben ihrer männlichen Linie die schönen und für die Machtstellung ihrer Monarchie nicht unwesentlichen Länder nicht an die Augustenburger Seitenlinie verlieren wollte. Als nun am 28. Januar 1848 König Friedrich VII. den lange befürchteten Gewaltschritt tat und die Gesamtstaatsverfassung verkündete, da erhob sich das Land, bildete am 24. März eine eigene provisorische Regierung und stellte Truppen auf. Sehr schnell kam es zu offenem Kampf; Preußen leistete im Namen des Deutschen Bundes Hilfe. Die Dänen aber setzten in diesem Ringen nicht nur ihre Landmacht ein, sondern — und das ist für uns hier das Wesentliche — auch ihre Flotte. Ja, die Feindseligkeiten wurden sogar von See her eröffnet. Schon am 28. März erschien die dänische Korvette „Najaden" vor Sonderburg und zwang die Insel Alsen, sich für Dänemark zu erklären. Am selben Tage lief der dänische Dampfer „Geiser" in den Flensburger Hafen ein und wurde von dem dortigen Jägerkorps mit Gewehrfeuer begrüßt. Am 30. beschossen dänische Kriegsschiffe südlich Apenrade kleinere schleswig-holsteinische Abteilungen. Doch soll auf diese Dinge hier kein besonderes Gewicht gelegt werden, auch darauf nicht, daß das Fehlen von Seestreitkräften auf deutscher Seite im Laufe des Sommers die Landoperationen des preußischen Generals Wrangel verhängnisvoll beeinflußte: von ungleich größerer Wirkung war die dänische Blockade der deutschen Küsten.

Am 14. April begannen die Dänen den Handelskrieg mit der Beschlagnahme deutscher Handelsschiffe im Sund, 5 Tage später führten sie 27 preußische Schiffe aus dem Hafen von Helsingör nach Kopenhagen. Anfang Mai setzte die Blockade der Ost- und Nordseeküste ein. Vom Pregel bis zur Weser kreuzten die Dänen und fingen an Schiffen ab, was nicht den Neutralen gehörte; nur Lübeck scheinen sie merkwürdigerweise geschont zu haben.

Der Schlag war gewaltig, und die Erregung, zunächst an der Küste, aber alsbald auch im Binnenlande, stieg von Tag zu Tag. Kleine Mittel, wie Umladung der Güter auf neutrale Schiffe und Scheinverkäufe an fremde Reeder, konnten nicht verfangen. Vom 26. April bis 25. Juni liefen z. B. in den Hafen von Swinemünde nur 33 Schiffe ein gegen 957 im gleichen Zeitraum des Vorjahrs. Am 17. Juli berechnete man an der Stettiner Börse, daß allein für Stettiner Rechnung Schiffe und Güter im Wert von 2¾ Millionen preuß. Taler teils in Kopenhagen aufgebracht lägen, teils in neutralen Häfen zurückgehalten seien. Der deutsche Seehandel war gelähmt, und an Widerstand konnte man für den Augenblick nicht denken, obwohl von der nicht allzu starken dänischen Flotte nur ein Teil brauchbar und in Dienst gestellt war.

Ein zeitgenössischer Schriftsteller schildert den unerträglichen Zustand dieser Blockade mit grimmigem Humor. „Da ziehen sich", so schreibt er, „unsere Tausende von Kauffahrern ängstlich in das Innere ihrer Häfen zurück. Da rennen die Boten an den Küsten hin und her. Da richten sie vom Ufer aus ihre Perspektive auf die dänische Fregatte und betrachten mit Spannung eine jegliche ihrer Bewegungen. Da lesen wir in allen unseren Journalen genaue Berichte und Artikel: von der dänischen Fregatte, die vor Swinemünde in Sicht ist, von der dänischen Fregatte vor Pillau, von der dänischen Fregatte vor der Elbe, von der dänischen „Havfruen" vor Stettin. Da erzählt man, was sie mache, welche Bewegungen sie ausführe, welche Segel sie aufspanne und was das vermutlich zu bedeuten habe; daß sie einen Anker fallen lasse, daß sie diese oder jene Miene anzunehmen scheine, daß sie westwärts nach Koserow gesteuert sei und daß sie ein Boot aussetze, daß ein Kanonenboot zu ihr gestoßen sei, daß sie vielleicht damit die deutsche Küste bombardieren wolle. Dies alles wird von tausend geängstigten Federn ins Innere des Landes berichtet. Die Kaufleute stecken die Köpfe auf den Börsen zusammen, die Assekuranzprämien „gegen Kriegsgefahr" gehen schwindelnd in die Höhe, das Vertrauen und der Kredit fallen tief und glatt zu Boden. Und alles dies woher und weswegen? Bloß nur allein der einzigen, höchst unbedeutenden, aber unangreifbaren, unwegschaffbaren dänischen Fregatte wegen ... Wie die Engländer, die Holländer und die Dänen selbst wohl in diesem Augenblick über die Figur, die wir machen, sich ins Fäustchen lachen mögen! Ein Zwerg, dem der Riese nichts anhaben kann, weil er es versäumte, sich zur rechten Zeit Wasserstiefeln zu bestellen."

„Wir wollen die Schmach abwaschen, welche die Versäumnisse unserer Vorfahren auf uns luden", sagt derselbe Autor an anderer Stelle. Tausend ähnliche Stimmen antworteten ihm. Tief saß der Stachel im deutschen Herzen. Die dänische Blockade öffnete auch dem Blöden die Augen. Wie ein einziger Schrei durchhallte jetzt ganz Deutschland der Ruf nach einer deutschen Flotte.

II. Flottenbau und -organisation.

1.

Man hat in neuerer Zeit diese stürmische Bewegung sentimental gescholten und damit als unvernünftig abtun wollen. Der Tadel trifft nicht den Kern der Sache. Echte Begeisterung, zumal wenn sie ein ganzes Volk ergreift, soll man ehren, auch wenn sie im Überschwang so Großes fordert, daß die nüchternen Rechner mit dem Kopfe schütteln. Sie gehört zu den sittlichen Kräften, ohne die das Ungewöhnliche, Gewaltige und Zukunftschaffende nicht gelingen kann. Und die Flottenbegeisterung von 1848 war rein und lauter, nicht anders als die unvergeßliche Gefühlsaufwallung, in der das deutsche Volk 60 Jahre später dem Grafen Zeppelin, als sein Luftschiff bei Echterdingen verbrannte, binnen wenigen Wochen zur Weiterarbeit an seinem großen Werke 6 Millionen Mark aus freiwilligen Spenden in die Hände legte. Was 1848 die praktische Auswirkung des enthusiastischen Wollens auf das beklagenswerteste hinderte, waren so ungeheure Berge von Schwierigkeiten, daß man versucht ist zu sagen, nur die allgemeine Unkenntnis dieser Schwierigkeiten hat es ermöglicht, daß man überhaupt das Werk in Angriff nahm.

Es fehlte, um es kurz auszudrücken, in Deutschland für den Bau einer Kriegsflotte an allen, aber auch an allen Vorbedingungen. Es gab keine einzige Firma mit Erfahrungen im Kriegsschiffbau, keine Werften, kein einziges geeignetes Dock, keinen Kriegshafen, man besaß weder Ingenieure noch Offiziere und Mannschaften, man verfügte über keine taktischen Erfahrungen (und doch muß man, ehe man planmäßig bauen kann, wissen, wie man sich schlagen will), man war zum Unglück noch dazu in eine Zeit gestellt, in der die Frage „Segler oder Dampfer?" allen Seemächten neue Probleme zu lösen gab, man war sich zuguterletzt über die Kosten und die Aufbringung der nötigen Gelder durchaus nicht im Klaren. Was die großen seefahrenden Nationen seit Jahrhunderten zu Erb und Eigen besaßen, Deutschland mußte es völlig neu schaffen. Das ging nicht von heut auf morgen, denn eine Flotte läßt sich noch weniger als ein Landheer improvisieren. Wollte man dennoch sofort etwas zustande bringen, so konnte es nur etwas Behelfsmäßiges und Vorläufiges sein.

Und nun Deutschland selbst! Wie sah es aus! Dieser

Haufen von 39 Staaten, bisher im „Deutschen Bund" notdürftig zusammengehalten, war im ganzen und in seinen Teilen aufs heftigste erschüttert. Nach der Februarrevolution in Paris, die dort zum Sturz des Königtums und Errichtung der Republik führte, war die Woge des Umsturzes von Westen her über das Land gerollt, im März Metternich in Wien gefallen, die Hauptsäule des bisherigen absolutistischen Systems, und schließlich war auch in Berlin König Friedrich Wilhelm IV., obwohl seine Truppen im Straßenkampfe Sieger geblieben waren, dem revolutionären Andrang gewichen. So sehr hatten sich die Regierungen einschüchtern lassen, daß sie aller Gewalt entkleidet schienen und gleichsam willenlos auf das Chaos blickten, aus dem sich neue Gewalten zu erheben anschickten, bereit, die Neuordnung Deutschlands nötigenfalls allein in die Hand zu nehmen. Das Herz Deutschlands schien nur in Frankfurt am Main zu schlagen. Zwar beriet dort auch der Bundestag immer noch weiter, aber er war nur noch ein Schatten seines alten Selbst und zudem durch die Auswechselung eines Teils seiner Vertreter so sehr gewandelt, daß er (am 10. März) die Farben schwarz-rot-gold für die künftigen Bundesfarben erklärte und die Regierungen um Entsendung von „Vertrauensmännern" bat, zur Beratung einer Revision der Bundesverfassung. Am 3. April hielten diese, 17 an Zahl, zum ersten Male eine Sitzung ab. Daneben hatte sich aber dort etwas völlig Neues gebildet, das sogenannte „Vorparlament", eine Versammlung, die auf private Einberufung hin zusammengetreten war, aber unter Duldung, ja dem Beifall der geängstigten Regierungen. Sie tagte nur vom 31. März bis 4. April, wählte jedoch am 1. April einen Fünfzigerausschuß, der bis zur Eröffnung einer von vornherein ins Auge gefaßten Nationalversammlung zusammenbleiben sollte und bis dahin gleichsam als der Mittelpunkt der neuen Gewalt erschien. Auf Grund der Beschlüsse des Vorparlaments wurde im Mai die Nationalversammlung gewählt, am 18. eröffnete sie ihre Beratungen. Im Juli entschloß sie sich, da sich die Regierungen über die Bildung einer vorläufigen Reichsleitung nicht einigen konnten, selber „mit kühnem Griff" eine Obergewalt zu schaffen, und bildete die „Provisorische Zentralgewalt" mit dem österreichischen Erzherzog Johann als „Reichsverweser" an der Spitze. Danach löste sich der Bundestag auf, nachdem er am 11. Juli „namens der deutschen Regierungen" dieser neuen

Behörde „die Ausübung seiner verfassungsmäßigen Rechte und Verpflichtungen" übertragen hatte. „Die deutschen Regierungen," so ließ sich damals der Bundespräsidialgesandte von Schmerling vernehmen, „bieten freudig die Mitwirkung zu allen Verfügungen der Zentralgewalt, die Deutschlands Macht nach außen und im Innern gründen und befestigen sollen." Bundestag, Vertrauensmänner, Vorparlament, Fünfzigerausschuß, Nationalversammlung, Provisorische Zentralgewalt, daneben Einzelregierungen und Einzellandtage — bei diesem wechselnden Durcheinanderfluten sinkender und steigender Gewalten, bei unaufhörlicher Verschiebung der politischen Machtverhältnisse: an wen sollte man sich halten, wem durfte man die Kraft zutrauen, den Flottengedanken in die Wirklichkeit zu überführen?

2.

In derselben Weise, wie im Flottengedanken die deutschen Einheitsbestrebungen zum Ausdruck gelangten, bildeten auch die Bemühungen, ihn zur Tat werden zu lassen, ein deutliches Spiegelbild der öffentlichen Verhältnisse. Der politischen Zersplitterung, dem allgemeinen Gärungszustande entsprachen die Mittel, die man zunächst ergriff. Allenthalben begann man die Hände zu rühren, aber man war, den Umständen entsprechend, von einer durchgreifenden Organisation der Angelegenheit weit entfernt, und es vergingen wertvolle Monate, bis sich eine Zentralstelle bildete, von der aus der Hebel nachdrücklich angesetzt werden konnte.

Man hätte erwarten sollen, daß in den Küstengebieten, wo infolge des Krieges mit Dänemark das Bedürfnis nach einer Wehr zur See am sinnfälligsten in Erscheinung getreten war, das Feuer am hellsten brennen und sich die nachdrücklichste Tätigkeit entfalten würde. Aber schon hier traten, wenigstens bei den Regierungen, starke Unterschiede hervor.

Die provisorische Regierung von Schleswig-Holstein veröffentlichte am 29. Mai „Statuten des Ausschusses für die Deutsche Flotte", unterzeichnet von drei Privatleuten, die sich damit als „Marinebehörde" vorstellten, „bis zur eventuellen Einsetzung einer Reichsbehörde". Die Anordnungen dieser Statuten rechneten nur mit der Zukunft. Dazu gehörte die Gründung eines Seekadetteninstituts in Kiel, Seeoffizierschule genannt, welche am 1. Dezember 1848 eröffnet wurde. Die

Ständeversammlung war jedoch der Ansicht, die Herzogtümer seien nicht berufen, mit einer deutschen Flotte den Anfang zu machen. Immerhin hätte es nahegelegen, zunächst vorläufige Abwehrmaßnahmen zur See zu treffen. Davon hielt nun die provisorische Regierung wenig und die Ständeversammlung noch weniger; als die Regierung schließlich für diesen Zweck 500 000 Taler forderte, wurden ihr nur 100 000 bewilligt. Dafür kaufte man einen Privatdampfer an, der seit 1840 zwischen Kiel und Kopenhagen gefahren war und später zu Ehren des preußischen Generals Bonin dessen Namen erhalten sollte. Ferner verwandelte man den Rendsburger Bugsierdampfer „Eider" in ein Kriegsschiff. Im übrigen empfahl der Marineausschuß der Ständeversammlung, den Kieler Hafen zu befestigen, um ihn später Deutschland als sicheren Kriegshafen anbieten zu können. Bis zum 26. August, wo mit Dänemark Waffenstillstand geschlossen wurde, geschah nun weiter nichts. Das Blatt sollte sich wenden, als im September der Hardesvogt Jacobsen Kriegsminister wurde. Noch mehr brachte die „Marine-Kommission" der „Gemeinsamen Regierung" vom 1. Februar 1849 zuwege. Aber das sind Dinge, die, streng genommen, nicht hierher gehören. Es sei nur hervorgehoben, daß es den Schleswig-Holsteinern im Sommer 1849 aus eigener Kraft gelang, die Dänen von Sylt und Föhr zu vertreiben und an der Ostküste die Blockadeschiffe wiederholt zu verjagen. Bis zum März 1851 brachten sie ihr Geschwader auf 17 Schiffe (4 Dampfer, 1 Schoner, 11 Kanonenboote und 1 Kutter).

Auch die **preußische Regierung** war der Überzeugung, man dürfe sich jetzt nicht mehr auf die reine Küstenseewehr beschränken. Der 1. Inspekteur der Artillerie, Prinz Adalbert, der einzige höhere preußische Offizier, der sich mit seemännischen Dingen befaßt hatte, wurde vom Kriegsministerium ersucht, sich über die wichtige Frage zu äußern. Er arbeitete in Verbindung mit dem ausgezeichneten Navigationsdirektor Schroeder aus Danzig im Mai eine Denkschrift aus, in der er, ohne eine eigene Meinung bestimmt auszusprechen, sich mit den drei gegebenen Möglichkeiten auseinander setzte, nämlich entweder eine „Kriegsmarine zur rein defensiven Küstenverteidigung" zu schaffen oder „eine solche zur offensiven Verteidigung und zum notwendigen Schutze des Handels" oder „eine selbständige Seemacht", die den seemächtigen Nachbarn, namentlich Rußland, gewachsen wäre. Diese Flotte, wie sie auch beschaffen sein würde, müsse „ganz deutsch" sein, „eine echte Repräsentantin der wiedergeborenen Einheit des Vaterlandes". Die prinzliche Denkschrift war bei ihrer sachlichen Klarheit und der Entschiedenheit ihres Urteils vorzüglich geeignet, den nebelhaften Vorstellungen der Öffentlichkeit eine festere Gestalt zu geben. Da nun zunächst nicht erkennbar war, ob eine deutsche Flotte wirklich zustande kommen würde, und da auch über die zukünftige Stellung Preußens zu Deutschland noch Ungewißheit herrschte, beschloß die preußische Regierung fürs erste, selbständig vorzugehen, bewilligte Gelder zum Bau von Kanonenschaluppen und faßte im Sommer des Jahres den Bau einer preußischen Flotte von 6 Segelfregatten, 6 Dampfkorvetten und 80 Kanonenbooten ins Auge, entsprechend der zweiten vom Prinzen erörterten Möglichkeit. Daneben wollte sie etwaige allgemeine Flottenbestrebungen unterstützen.

In den **Nordseestaaten** hatte man bei Beginn der Blockade sogar mit feindlichen Landungen gerechnet. In Hannover reichte das Landheer zum Küstenschutz nicht aus. Man empfahl daher den hilfesuchenden Gemeinden Selbstbewaffnung; bei dem geradezu kläglichen Waffenmangel riet z. B. die Landdrostei Stade dem Amt Lehe zur Verteidigung mit Sensen und Heugabeln. Besser scheint es in Oldenburg ausgesehen zu haben. Allmählich ermannte man sich. In Bremen wurde ein „Ausschuß zur Begegnung der Seekriegsgefahren" eingesetzt, der mit Frankfurt und den dortigen Machthabern in Verbindung trat, aber auch zu den Nachbarregierungen seine Fäden spann. Auf Anregung des Bremer Senators Albers lud Hannover am 6. Mai Oldenburg, Hamburg und Bremen zu einer gemeinsamen Beratung ein über Verteidigungsmaßnahmen mit Hilfe bewaffneter Fahrzeuge. Man wollte, daß die Initiative möglichst in der Hand der Regierungen bliebe und erwartete von einem entschiedenen Vorgehen — Bremen und Hannover planten den gemeinsamen Ankauf eines amerikanischen Dampfers, der gerade auf der Weser lag — nicht bloß die Bundesversammlung zu kräftigen Entschlüssen zu drängen, sondern auch sich selber bei der Weiterentwicklung der Angelegenheit das Hauptgewicht zu sichern. Die Verhandlungen kreuzten sich mit anderen Bestrebungen, von denen noch zu reden sein wird, ein greifbares Ergebnis hatten sie nicht. Doch kündigte sich die Sonderstellung, die Hannover später einnehmen sollte, schon hier deutlich an.

Viel energischer ging Hamburg vor. Es förderte nicht nur die allgemeine Bewegung, deren großes Ziel eine deutsche Reichsflotte war, sondern schuf sich in kurzer Zeit eine eigene Flottille. Sein Zweck war dabei einzig die Sprengung der Blockade. Als am 6. Mai die Nachricht eintraf, draußen vor der Elbe kreuze die Fregatte „Gefion", setzte sofort die Flottenagitation ein, um zu einer ganz Hamburg erfüllenden Begeisterung anzuschwellen. Erinnerungen an die alte Hanse und ihre Wehrhaftigkeit wurden lebendig. Ein Flottenkomitee bildete sich, dem die Reeder Godeffroy, Sloman, Marbs, Roß u. a. angehörten. Die drei ersten stellten jeder der Stadt ein Schiff leihweise zur Verfügung, Godeffroy die „Cesar Godeffroy", später „Deutschland" genannt, Sloman den „Franklin" und Marbs die „Johanna". Zu ihrer Ausrüstung wurden im Handumdrehen große Summen aufgebracht, Matrosen boten freiwillig ihre Dienste an. Die fertiggestellte Flottille sollte dem Senat übergeben werden, und dieser versprach, sie solle die Hamburger Flagge führen. — Als man nun mit Feuereifer an die Arbeit ging, da zeigten sich auch hier bald die Mängel, an denen alles Flottenwesen in deutschen Landen krankte. Es war ein schweres Stück, aus Handelsschiffen Kriegsschiffe zu machen. Die „Johanna" mußte man sogleich als untauglich zurückgeben, die „Deutschland", die das Komitee käuflich erwarb, und den „Franklin" begann man umzubauen und auszurüsten. Die Anwerbung von Offizieren und Mannschaften und die Beschaffung von Geschützen machte große Schwierigkeiten. „Ganz besonders hemmend und beeinträchtigend wurde aber der Umstand, daß nicht ein völlig competenter Seeoffizier am Platze war, welcher es übernehmen konnte, über die Art und Ausdehnung der mit den Schiffen vorzunehmenden Veränderungen, über die Zweckmäßigkeit der auf denselben zu bewerkstelligenden Einrichtungen ein auf anerkannte Sachkunde gestütztes gründliches Urteil abzugeben und der Leitung dieser Arbeit vorzustehen". „Erst nachdem die Schiffe fast ganz eingerichtet waren, gelang es, einen englischen Offizier zu engagieren, welcher in der britischen Flotte als Sailing Master gedient hatte". Und schon im Juni waren die Mittel, über die man verfügte, erschöpft. Der Bundestag, an den man sich in dieser Not wandte, bewilligte aber aus seinem Festungsbaufonds 300 000 Taler, und so konnten die Rüstungen fortgeführt werden. Am 23. Juni erwarb das Komitee noch von der Hamburg-Huller Dampfschiffahrtsgesellschaft drei Dampfer hinzu, die den Namen „Hamburg", „Lübeck" und „Bremen" erhielten. Die Vorstadt St. Pauli steuerte aus eigenen Mitteln ein Kanonenboot bei. Im Juli hielt man die Flottille für verwendungsbereit. Aber der Senat trug Bedenken, ihr die Staatsflagge zu verleihen, weil sie inzwischen durch ihre Abhängigkeit von den Geldbeiträgen der Nation in die Domäne der mittlerweile errichteten Reichsmarine-Verwaltung übergegangen sei. Er scheute sich wohl, in den dänischen Krieg aktiv einzugreifen, und rechnete, da die Friedensaussichten im Steigen waren, mit einer baldigen Aufhebung der Blockade, übrigens nicht mit Unrecht, denn die Elbblockade hörte am 5. September auf. So lagen die Schiffe, ohne an den Feind zu kommen, untätig auf der Elbe vor Anker, man vergaß, daß sie Hamburgs Stolz gewesen waren und ärgerte sich, wenn man sie sah, über das viele Geld, das man in das jetzt überflüssig gewordene Unternehmen gesteckt hatte. Das Komitee fand schließlich den Ausweg, von der Zentralgewalt die Uebernahme der Schiffe auf die Reichsflotte zu erwirken. Das war das Ende der Hamburger Flottille.

3.

Wir verlassen die Regierungen und wenden uns wieder der allgemeinen Flottenbewegung zu. Ihr charakteristisches Merkmal im Frühjahr 1848 ist die Gründung von Flottenvereinen. Sie schossen wie Pilze aus dem Boden. Die Küstenstädte gingen voran, das Hinterland folgte. Es hat sie wohl noch niemand gezählt, und man müßte sämtliche bedeutendere Zeitungen der Revolutionszeit durchsuchen, um alle Ortschaften, in denen solche bestanden, festzustellen. Man wird aber ohne Übertreibung behaupten können, daß es, bis nach Österreich hinein, kaum eine mittlere Stadt gegeben hat, die nicht ihren Flottenverein besessen hätte. Was fehlte, war ein organisierter Zusammenschluß unter einheitlicher Leitung. Etwas derartiges war für die damalige Zeit undenkbar. Ebenso zeigte das, was wir heute Propaganda nennen, nichts als Zersplitterung. Zahllose Zeitungsartikel waren der deutschen Flotte gewidmet, und es erschien Flugschrift über Flugschrift, in Kiel, Hamburg, Oldenburg, Berlin, Dresden, Leipzig, Breslau, Frankfurt usw., die zumeist sorgfältig und gründlich das Flottenproblem von allen Seiten beleuchteten. Mit welchem Eifer man sich auch fernab vom Wasser bemühte, seemännische Einzelkenntnisse zu erwerben und zu verbreiten, läßt z. B. eine Broschüre des Vorsitzenden der hallischen Flottenvereinigung erkennen, betitelt „Die ersten Grundlehren des Schiffswesens, als Erklärung zu den in Halle vom Verein zur Grundlegung einer deutschen Flotte aufgestellten Modellen von Seeschiffen", woraus man sich noch heute über Fregatten und Korvetten, Taljereeps und Puttingsketten und alle Arten von Segeln unterrichten kann. Es darf nicht wundernehmen, wenn in diesen Schriften viel Phantastisches mit unterlief, oder wenn man törichte Gerüchte weitergab, so z. B. die aus „ziemlich sicherer Quelle" stammende Nachricht, der Prinz von Preußen lasse in England auf eigene Kosten eine Fregatte bauen, die er bei seiner Rückkehr dem deutschen Vaterlande als Geschenk darbringen werde. Manche Schriftsteller suchten auch über das Ausland zu unterrichten, besonders über amerikanische und englische Flottenverhältnisse. Man übersetzte aus der englischen, dänischen und holländischen Marineliteratur und suchte auch in Technik und Taktik einzudringen. Es war durchaus folgerecht, wenn sich auch sogleich die Forderung nach einem Nordostseekanal erhob und Vorschläge dazu gemacht wurden. Mit Schmerzen ward man ferner bei diesem ersten bewußten Blick auf die See inne, daß auf Helgoland, „der deutschen Insel Helgoland", „dieser Warte der Nordsee, unserm deutschen Gibraltar", der Engländer saß, „vor der Mündung unserer beiden Haupthandelsströme, damit sich dort nichts ereigne, was ihm nicht genehm wäre". Als Aufklärung war das alles nicht zu unterschätzen, aber der Hauptzweck der Propaganda und der Vereine, die Sammlung von Geldmitteln für die Flotte, schlug fehl. Große Summen wurden nirgends aufgebracht, die meisten Spenden setzten sich aus kleinen und kleinsten Beiträgen zusammen. Über die geringe Leistung mancher Städte wurde öffentlich Klage geführt, z. B. über das reiche Bremen; auch die Gaben der Auslandsdeutschen hielten sich in bescheidenen Grenzen. Das große Publikum war noch zu sehr gewöhnt, in öffentlichen Dingen alles von oben her zu erwarten. Im ganzen wurden bis zum Ende des Jahres 1849 nicht mehr als 190 492 Gulden an die Nationalversammlung abgeführt. Aus privaten Mitteln eine Flotte zu bauen, war ein Ding der Unmöglichkeit.

Desto wichtiger war es, wie sich die Gewalten in Frankfurt zum Flottengedanken stellen würden. Dort sollte ja die Einheit Deutschlands im Feuer der Begeisterung geschmiedet werden. Deutsche Einheit aber und deutsche Flotte: beides war in Denken und Empfindung der Nation bereits untrennbar verbunden, und zwar um so mehr, je heftiger das neu erwachte nationale Ehrgefühl die Verletzung durch die Schmach der dänischen Blockade empfand. Ohne Zweifel war hier, wohin die Ströme der aus ihren Fesseln befreiten nationalen Kräfte wie in ein Sammelbecken zu fließen schienen, einzig und allein die Stätte, den großgedachten Plan unter dem einmütigen Beistand des gesamten Vaterlandes auszuführen. Aber in dem Augenblicke, wo man sich anschickte, ans Werk zu gehen, traten all die Hemmungen in Wirksamkeit, von denen wir schon gesprochen haben: der Mangel an Personen und Einrichtungen, die ein solches Unternehmen sachlich voraussetzt, und die Unfertigkeit der politischen Zustände. Der Fünfzigerausschuß, von allen Seiten mit Forderungen bestürmt, konnte zunächst im April nichts tun, als sich beim Bundestag zum Sprachrohr der Flottenwünsche zu machen. Der Bremer Senator Arnold Duckwitz, der dem Ausschuß angehörte, ein um die wirtschaftliche Entwicklung Bremens hochverdienter Mann, regte an, man solle, um überhaupt einmal anzufangen, den amerikanischen Dampfer „United States", der auf der Fahrt nach Liverpool war, ankaufen. Die Bundesversammlung beschäftigte sich Mitte April mit diesen Plänen. Der von ihr eingesetzte Ausschuß erhob schwere Bedenken gegen diese und ähnliche „unreife Projekte", ließ aber doch durch den Hamburger Syndikus Banks, den man gerade nach England absenden wollte, Erkundigungen einziehen. Banks sowohl wie der preußische Gesandte von Bunsen, der über gute Verbindungen verfügte, kam zu dem Ergebnis, es würde weggeworfenes Geld sein, Schiffe zu kaufen, die nicht von vornherein für Armierung mit Geschützen gebaut seien.

Nun griff der Fünfzigerausschuß wieder ein, indem er am 9. Mai unter dem Eindruck des dänischen Handelskrieges einen Marineausschuß wählte. Dieser ließ einen Aufruf an ganz Deutschland hinausgehen und lud auf den 31. Mai zu einem „Marinekongreß" nach Hamburg ein. Es war der erste Versuch zu einer Zentralisierung der ganzen Bewegung, denn auch die Regierungen waren mitgeladen. Die Verhandlungen verliefen bei der Ungeklärtheit der Ansichten und den zutage tretenden Sonderinteressen in der Kriegshafenfrage sehr stürmisch; „wie auf dem polnischen Reichstag," meinte der Oldenburger Regierungsrat Erdmann, der allerdings den Kongreß von den Regierungen am liebsten gänzlich ignoriert gesehen hätte. Es wurden Wünsche laut, vom Kongreß aus eine exekutive Behörde zu schaffen und die gesamte Ausführung des Flottenplanes dieser zu übertragen. Die Beschlüsse der Kommissionsverhandlungen wurden dem Bundestag und der Nationalversammlung mitgeteilt. Das war das ganze Ergebnis: einige Seiten Papier mehr zu dem Wust von „schätzenswertem Material", das sich dort anhäufte.

Inzwischen war am 18. Mai die Nationalversammlung auf den Plan getreten. Die Nation empfand sie als das Zentrum des politischen Willens und der politischen Macht. Das Chaos schien sich zu klären, die Einheit Deutschlands nur noch ihrer Form zu bedürfen. Jedermann war überzeugt, die Nationalversammlung würde diese Aufgabe lösen, und damit schien auch der Flottengedanke keine Utopie mehr. Allein auch die Nationalversammlung vermochte, so schwer ihr moralisches Gewicht in den ersten Monaten ihres Bestehens wog, die Schwierigkeiten nicht zu meistern. Doch tat sie wenigstens einen Schritt vorwärts. Die von ihr sofort eingesetzte Marinekommission erstattete schon am 8. Juni einen vorläufigen Bericht. Sie sah in dem Wunsch nach einer Flotte „eines der tiefgefühltesten Bedürfnisse der Nation" und erkannte deutlich ihre doppelte Aufgabe, einmal, der augenblicklichen Nöte zur See Herr zu werden, und zum andern, das große Gesamtwerk ins Leben zu rufen. Als Endziel schwebte ihr keine „Linienflotte" vor, sondern „eine Flotte zweiten Ranges, zum Schutz des Handels, der Förderung der politischen Interessen und der Sicherung der Küsten". Dementsprechend beantragte sie, „die hohe Bundesversammlung zu veranlassen, die Summe von 6 Millionen Talern auf verfassungsmäßigem Wege verfügbar zu machen, und zwar 3 Millionen sofort und die ferneren 3 Millionen nach Maßgabe des Bedürfnisses". In der Sitzung vom 14. Juni wurde dieser Antrag so gut wie einstimmig angenommen.

Die materielle Grundlage für den Anfang schien gesichert. Jedoch veranlaßte man weder sofort den Bundestag, das Geld von den einzelnen Staaten einzuziehen, noch traf man irgendwelche weiteren Maßnahmen. Dringendere Aufgaben nahmen die Aufmerksamkeit der Versammlung in Anspruch. Im Juli wurde die „Provisorische Zentralgewalt" geschaffen, am 26. August schloß Preußen aus Scheu vor einem europäischen Konflikt mit Dänemark den Waffenstillstand zu Malmö, ohne vorher die Zustimmung des Reichsverwesers und der Nationalversammlung einzuholen. Es entstand infolgedessen in Frankfurt eine Krisis, die zwar beigelegt wurde, aber dem Ansehen der Volksvertretung einen schweren Stoß versetzte. Diese sah sich genötigt, ihre anfangs verweigerte Billigung des Waffenstillstandes nachträglich auszusprechen. So ging für die Flotte in jeder Hinsicht kostbare Zeit verloren, denn ihr Leben hing an der deutschen Einheit, und jede Schwächung der Reichsgewalt mußte ihr verderblich werden. Auch flaute die Begeisterung langsam ab, denn diese ist nun einmal „keine Heringsware, die man einpökelt auf viele Jahre". Erst im Oktober ging das Reichsministerium, das der Reichsverweser gebildet hatte, wieder ernsthaft auf die Flottensache ein. Aber nun fehlte das Wichtigste: wo war der Mann, dem man das gewaltige Unternehmen vertrauensvoll hätte in die Hände legen können? Man wußte keine sachkundige Persönlichkeit, auch der Marineausschuß der Nationalversammlung hatte bisher trotz eifrigen Suchens keine aufzufinden vermocht. Da griff man zu dem Ausweg, den Senator Duckwitz, der das Handelsministerium übernommen hatte und als überzeugter Flottenfreund von allen Ministern am lebhaftesten für die Flotte eingetreten war, mit der weiteren Umschau nach geeigneten Männern zu beauftragen. Mit seiner Tätigkeit beginnt die eigentliche Schöpfung der Flotte.

4.

Duckwitz, dem das Handelsministerium Arbeit genug schuf, rechnete damit, nur vorübergehend für die Flotte in Anspruch genommen zu werden. Es ist aber eine sich oft wiederholende Erscheinung, daß Männern von Fleiß und Initiative immer neue Aufgaben ungewollt zufliegen, namentlich solche, deren Lösung die andern sich scheuen in die Hand zu nehmen. Nun besaß Duckwitz große Arbeitsfreudigkeit und war als erfahrener Großkaufmann, dessen Blick weit über Europa hinausreichte, gewohnt, verantwortungsvolle Entschlüsse mit Schnelligkeit zu fassen und sich in neue Verhältnisse rasch hineinzufinden. Daher blieb die Sorge für die Flotte bis zum Mai des folgenden Jahres auf seinen Schultern liegen. Was in dieser Zeit geleistet worden ist, ist zu einem großen Teil sein Werk.

Er begann damit, seinem Auftrage gemäß, die Suche nach Fachleuten, in erster Linie nach deutschen, fortzusetzen. Zugleich richtete er seinen Blick auf Amerika, von dessen Deutschenfreundlichkeit man sich große Dinge versprach. Durch Vermittlung des Gesandten der Vereinigten Staaten bat er die Washingtoner Regierung im Namen der Zentralgewalt, „einen höheren Marineoffizier, etwa vom Range eines Kommodore, der in Schiffbau, Hafenbefestigung, überhaupt in den Erfordernissen zur Gründung einer Marine die nötige Kunde besitze, nach Frankfurt zu senden, damit dieser auf kürzere oder längere Zeit in die Dienste der Zentralgewalt trete, um eine deutsche Flotte zu organisieren." Ende November traf die Antwort ein; sie lautete nicht ungünstig. Mitte Januar 1849 erschien im Auftrage seiner Regierung in Frankfurt der Kommodore Parker, dessen Instruktion weitergehende Hoffnungen eröffnete. Nach ausführlichen Beratungen mit ihm sprach Duckwitz in einer Note vom 25. Januar die Bitte aus, 40 Offiziere verschiedener Grade, darunter einen, der als Kontreadmiral in deutsche Dienste treten sollte, und einen Kriegsschiffbaumeister herüberzusenden. Bei diesen Verhandlungen zeigte sich Parker nicht aufrichtig; denn während er in Duckwitz die Erwartung nährte, daß die gewünschten Offiziere im März ihren Dienst auf den deutschen Schiffen übernehmen würden, warnte er seine Regierung, sich überhaupt auf die Angelegenheit einzulassen: die deutsche Flotte stecke noch in den ersten Anfängen, es seien noch nicht einmal Gesetze für sie erlassen und die politischen Verhältnisse hätten sich noch nicht endgültig gefestigt, so daß in dem zu erwartenden Kriege mit Dänemark — am 26. März lief der Waffenstillstand ab — amerikanische Offiziere für sich und ihr Land keine Ehre gewinnen könnten. Infolgedessen erklärte der amerikanische Marinesekretär dem deutschen Gesandten in Washington, die Vereinigten Staaten würden sich durchaus in den Grenzen der Neutralität halten und könnten den Wünschen der Zentralgewalt, solange sich diese im Kriege mit Dänemark befände, nicht willfahren. Deutschland sah sich auf sich selbst angewiesen.

Inzwischen war es aber Duckwitz gelungen, mit vier deutschen Seeleuten Verbindungen anzuknüpfen, bei deren Mitarbeit ausländische Hilfe für die Organisation der Flotte entbehrlich zu werden schien. Das waren der Kapitän Karl Rudolf Brommy in griechischen Diensten, Kapitänleutnant Donner, der aus dänischen in schleswig-holsteinische Dienste übergetreten war, der Navigationsdirektor Schroeder in preußischen Diensten und vor allem der schon genannte Prinz Adalbert von Preußen. Der Reichsverweser Erzherzog Johann, des Prinzen langjähriger Freund und Reisegefährte, schrieb am 13. Oktober 1848 persönlich an König Friedrich Wilhelm IV., er möge den Prinzen nach Frankfurt beurlauben. Schon nach wenigen Tagen begab sich Adalbert an den Sitz der Zentralgewalt. Ihn an die Spitze des neuen Unternehmens zu stellen, ging nicht an, denn er führte bereits den Vorsitz in der im Sommer des Jahres gebildeten preußischen Marinekommission. Dennoch brachte seine Mitarbeit den größten Nutzen. Duckwitz sprach mit ihm die einleitenden Schritte ausführlich durch. Man beschloß, fürs erste zwei vorläufige Behörden zu schaffen, und zwar erstens als verwaltende und ausführende Behörde einem der schon bestehenden Ministerien eine Marineabteilung anzugliedern, und zweitens eine Kommission von Technikern und Marineoffizieren einzusetzen unter der Leitung des Prinzen Adalbert. Nach Zustimmung des Reichsverwesers und der National-Versammlung wurde der Plan am 15. November ausgeführt. Da kein anderes Ministerium die Marineabteilung übernehmen wollte, so blieb Duckwitz nichts weiter übrig, als sie provisorisch seinem Handelsministerium beizuordnen, in der Voraussetzung, nach Abschluß des Frankfurter Verfassungswerkes und der damit allgemein erwarteten endgültigen Einigung Deutschlands, also nach wenigen Wochen, durch eine definitive Marinebehörde abgelöst zu werden. In die technische Kommission wurden folgende Mitglieder des Marineausschusses der Nationalversammlung berufen: General v. Radowitz, Major Teichert, Hauptmann Möring und der Bremer Gevekoht; dazu der preußische Major von Wangenheim, Kapitänleutnant Schroeder, Kapitänleutnant Donner und der englische Ingenieur Morgan. Hamburg entsandte den Wasserbaumeister Hübbe, Hannover den Wasserbaumeister Blohm, später den Oberstleutnant Glünder. Der Eintritt des Kapitäns Brommy und des österreichischen Obersten v. Kudriafski verzögerte sich noch ein wenig. Die Kommission schloß ihre Arbeiten im Februar 1849 ab. Sie widmete sich ihrer Aufgabe mit hingebender Treue. Was das Ergebnis ihrer Tätigkeit angeht, so seien einige Sätze aus dem Bericht angeführt, den Prinz Adalbert dem Könige Friedrich Wilhelm IV. am 26. Januar erstattete: „Wir haben dem hiesigen Ministerium zuerst unsere Vorschläge in betreff dessen eingereicht, was durchaus an maritimen Streitmitteln zu beschaffen notwendig erscheint, um bei einem möglichen Wiederbeginn der Feindseligkeiten gegen Dänemark wenigstens einigermaßen gerüstet dazustehen, und dann einen allgemeinen Organisationsplan entworfen, der davon handelt, bis auf welche Höhe die Seestreitkräfte gebracht werden müssen in den nächsten zehn Jahren, wenn wir uns einen wesentlichen Nutzen von der Marine versprechen wollen. Für das erste Stadium ist die Beschaffung (der Kauf, die Requisition und resp. der Bau) von Dampfschiffen und Kanonenbooten empfohlen worden, um die Operationen der Armee längs der Ostseite von Schleswig=Holstein zu unterstützen und die Blockade der ganzen Küste möglichst zu erschweren. Die Marine des zweiten Stadiums soll dagegen nicht sowohl die Küste als den Handel kräftig schützen, jederzeit den Belt forcieren, den großen Seemächten gegenüber sich hartnäckig wehren können und denen zweiten Ranges mit alleiniger Ausnahme Nordamerikas und — vielleicht — Hollands unbestritten überlegen sein. Wir denken das durch eine Flotte von etwa 15 schweren Fregatten von 60 Kanonen, bei denen der Dampf nur als Hilfskraft hinzutritt, und eine Zahl von mehr als 30 Schaufelräder=Dampfschiffen am besten zu erreichen. Die Kosten für eine solche Marine würden, die Beschaffung des gesamten Materials, den Hafenbau, die Friedensbemannung und später den Unterhalt eingerechnet, für jedes der ersten 10 Jahre die Summe von 6 Millionen Talern nicht übersteigen; auch würde dieser Zeitraum wohl hinreichen, um eine solche Flotte herzustellen."

Diese Sätze verschaffen uns ein klares Bild davon, was die leitenden Köpfe sich damals als Endziel steckten. Deutschlands Flotte sollte nicht nur die mittleren Seemächte Europas überholen, sie sollte auch den großen Seemächten ein gefährlicher Gegner sein. Es ist Tirpitz' Risikogedanke, der hier aufleuchtet, noch nicht in der scharfen Formulierung und der strengen Durcharbeitung, die er bei dem großen Schöpfer der wilhelminischen Flotte erfahren hat, aber die Tatsache, daß er hier schon vorliegt, wird man nicht in Abrede stellen können, und so erkennen wir rückschauend, indem wir die Vergangenheit und die eben erst entschwundene Gegenwart mit einander verbinden, daß der Staatsmann des kaiserlichen Deutschlands in seinen Forderungen nicht über das Maß dessen hinausgegangen ist, was man auch in der Zeit der bürgerlichen Revolution für notwendig gehalten hat. —

Schwerer als die technische Kommission war die Marineabteilung zu bilden, denn erfahrene Marinebeamte gab es in Deutschland nicht. Duckwitz nahm daher aus dem Marineausschuß der Nationalversammlung zwei Männer, die bisher besonderes Interesse für die Flotte bewiesen hatten, den Meseritzer Abgeordneten Kerst und den Berliner Abgeordneten Wilhelm Jordan. Dazu trat im Januar 1849 der hannoversche Artilleriehauptmann Marcard. Kerst hatte in jüngeren Jahren lange Zeit als Ingenieurhauptmann in brasilianischen Diensten gestanden und dabei acht Monate hindurch als Artillerie-Verbindungsoffizier der brasilianischen Landarmee auf einem Kriegsschiff an den Kämpfen gegen Buenos Aires teilgenommen. Bis zur Revolution war er dann Realschuldirektor in dem posenschen Städtchen Meseritz. Ihn empfahlen seine marinetechnischen Kenntnisse. Der Ostpreuße Jordan, dessen Polenrede in der Nationalversammlung noch heute lesenswert ist und der sich weiterhin als Nibelungendichter einen Namen gemacht hat, mußte sich in noch höherem Grade als Kerst in den neuen Dienst einarbeiten. Alle drei haben mit großer Liebe und immer steigender Sachkenntnis ihres Amtes gewaltet, Kerst bis zum September 1849, Jordan und Marcard bis zur Auflösung der Flotte. —

Am 15. November 1848 begann die Marineabteilung ihre Arbeit. Es galt von Grund aus aufzubauen, es galt zugleich dabei, das Übel der „deutschen Gründlichkeit", die vor Erwägungen und Bedenken kein Ende findet, zu vermeiden. Duckwitz war der Mann der raschen Tat. Für ihn kam es darauf an, das erste Stadium der Flotte zu verwirklichen, d. h. Schiffe zur Küstenverteidigung heranzuschaffen für den Fall des Wiederausbruchs des dänischen Krieges; denn in wenigen Monaten lief der Waffenstillstand ab. Das mußte auf die Regierungen einen Druck ausüben; ist erst, so kalkulierte er als

Kaufmann, Geld in das Unternehmen gesteckt, so werden die Staaten sich gedrungen fühlen, es weiterzuführen.

Was fand er an Beständen vor? Wir erinnern uns, daß das Hamburger Komitee schon im Sommer seine Flottille der Zentralgewalt angeboten hatte. Die Begutachtung, von der die Übernahme abhängen sollte, hatte sich verzögert, man fürchtete, schwere Mängel zu finden und mit ihrer Feststellung Verstimmung zu erregen. Endlich im Oktober ging eine Reichskommission nach Hamburg; der englische Marineingenieur Morgan nahm das Odium der Untersuchung auf sich. Man fand, was man erwartet hatte. Der „Franklin" mußte seinem Eigentümer zurückgegeben, die andern Schiffe gründlich umgebaut und ausgebessert werden. Die Mannschaftsbestände genügten nicht. Sofortige Verwendung war undenkbar, nicht einmal eine Übungsfahrt möglich. Morgan empfahl die Übernahme nur, damit das Geld, das auf die Schiffe verwandt war, dem Reich nicht ganz verloren gehe. So ging die Flottille trotz ihrer Unzulänglichkeit in den Reichsbesitz über. Kurz vorher hatte die Zentralgewalt die erste Rate der von der Nationalversammlung bewilligten 6 Millionen Taler in Höhe von 3 Millionen Talern = 5 225 000 Gulden ausgeschrieben.

Diese Schiffe fand Duckwitz vor. Es ist natürlich, daß er sofort auf die Erwerbung weiterer Kampfmittel bedacht war. Er traf dabei auf das Entgegenkommen Preußens. Da in dem Entwurf der Reichsverfassung die Bestimmung aufgenommen war, daß die Seemacht ausschließlich Reichssache sei und kein Einzelstaat Kriegsschiffe für sich halten dürfe, sah Preußen vorläufig von seinen eigenen Marineplänen ab und beantragte die Übernahme der unterdessen erbauten preußischen Küstenschiffe durch das Reich. Duckwitz griff zu und erhielt auf diese Weise 10 fertige Kanonenschaluppen und die Aussicht auf 30 weitere schon in Bau gegebene. Diese 40 Boote, die von kleinen Dampfern gezogen werden sollten, hatten die Ostseeküste zu verteidigen. Die Kosten verabredete man auf die zweite, noch nicht ausgeschriebene Rate des preußischen Matrikularbeitrages zu verrechnen. Für den Schutz der Nordseehäfen beabsichtigte man drei oder vier große Dampfkorvetten oder Dampffregatten zu erwerben. Dampfer brauchten weniger Mannschaften als Segler, und ein plötzlicher Angriff mit ihnen auf die dänischen Segelschiffe lag nicht außer dem

Bereich der Möglichkeit. Diese Meinung teilten auch die damals in Frankfurt anwesenden Offiziere der amerikanischen Fregatte „St. Lawrence". Freilich hielten sie eine mindestens einjährige Übungsdauer der Besatzung vor Eintritt in eine kriegerische Aktion für unumgänglich, während Duckwitz sich der Hoffnung hingab, schon im April die Dänen in der Nordsee in Schach zu halten. Er schickte also sofort Sachverständige nach England und Amerika. Ihre Aufgabe erforderte außer Sachkenntnis besondere Geschicklichkeit: beide Staaten durften nach den geltenden Bestimmungen keinem Lande Kriegschiffe liefern, das gegen ein mit ihnen selbst im Frieden befindliches Land Krieg führte. Alle Verhandlungen waren geheim zu halten, alle etwaigen Umbauten möglichst unauffällig vorzunehmen. In England schnüffelten allenthalben dänische Agenten herum. Trotzdem gelang es, dort um Weihnachten die Dampffregatten „Acadia" und „Britannia" anzukaufen und Verträge über den Neubau einer Dampfkorvette von 850 Tonnen und zweier kleiner Korvetten von 550 Tonnen zum Gesamtpreis von einer Million Taler abzuschließen. In Newyork wurde im Januar 1849 der 2000=Tonnen=Dampfer „United States" erworben. Die amerikanische Regierung bewies hierbei trotz der entgegenstehenden Kongreßakte vom 20. April 1818 anfangs ein erstaunliches Entgegenkommen; vielleicht glaubte sie nicht an den Wiederausbruch der Feindseligkeiten mit Dänemark. Sie bestimmte einen Marineoffizier zum Ratgeber für Umbau und Armierung und machte sich anheischig, alle notwendigen Ausrüstungsstücke für das Schiff aus den amerikanischen Flottenbeständen zu liefern. Mitte März sollte es fahrtbereit sein. Nachdem aber Parkers ungünstige Berichte eingelaufen waren, zog sie sich hinter Bestimmungen der erwähnten Kongreßakte zurück, verweigerte jede Hilfe und wollte den Dampfer gar nicht abgehen lassen.

Wäre alles nach Duckwitz' Plänen gegangen, so hätte Deutschland 1849 die Verteidigung der Nordseeküste — die Hamburger Schiffe nicht eingerechnet — mit drei Dampffregatten und nach Fertigstellung der Neubauten noch mit drei Dampfkorvetten führen können. Durfte man auch gegen die Verwendungsfähigkeit dieser Flottille Bedenken hegen, ihre bloße Anwesenheit hätte auf die Dänen ihren Eindruck nicht verfehlt.

Da kam das Unglück Schlag auf Schlag. Ende Februar 1849 ließ Duckwitz wegen der dänischen Machenschaften die

„Acadia" und „Britannia", obwohl sie noch nicht armiert waren, von Liverpool nach Deutschland in See gehen. Die „Britannia" gelangte glücklich nach der Weser, die „Acadia" aber geriet bei Terschelling auf Grund, erlitt schwere Havarie und mußte, als sie endlich auf der Weser ankam, dort liegen bleiben, bis sie im Sommer zur Ausbesserung in das von der Oldenburger Regierung zu Brake errichtete Trockendock gebracht werden konnte. Das Segelschiff, das die Armierungsstücke für beide an Bord hatte, erlitt gleichfalls Havarie und kehrte nach England zurück. Es gelang, die Gegenstände auf drei kleinere Schiffe umzuladen und diese durch den englischen Zoll zu schmuggeln. Das eine Fahrzeug erreichte die Weser, das zweite kam nur bis Norderney, und das dritte fuhr nach Ostende, von wo seine Ladung auf der Eisenbahn verfrachtet wurde. Welche Verzögerung dadurch entstand, läßt sich denken. Aber damit nicht genug: in der Rönnebecker Fabrik sprangen die für die Kanonenboote und Küstenverteidigung bestellten Kanonen, Preußen erklärte, seine Kanonenboote und die „Amazone" unter preußischer Flagge fahren zu lassen, Österreich, Bayern und Sachsen verweigerten die Zahlungen für die Flotte, und schließlich traf die Nachricht von den schon erwähnten Beschlüssen der Amerikaner ein, durch die die „United States" verloren schien und jede Hoffnung auf amerikanische Offiziere schwand.

An einen energischen Widerstand auf der Nordsee war für 1849 nicht mehr zu denken. Trotzdem verlor man in Frankfurt den Mut nicht. Man arbeitete fort, um „aus der Sache das Menschenmögliche zu machen". Die Ausbesserungs- und Armierungsarbeiten wurden weitergeführt, der Bau der 27 für die Nordsee bestimmten Kanonenboote nicht unterbrochen und die Verhandlungen mit Amerika wieder aufgenommen. Im Sommer, als Duckwitz schon zurückgetreten war, gaben die Amerikaner die „United States" gegen eine Zahlung von 300 000 Dollar endlich frei. Zwar ging die Überfahrt unter dem amerikanischen Kapitän Howard auch nicht ohne Unfall ab; das Schiff erlitt auf der Nantuckedbank Beschädigungen und mußte in Liverpool ausgebessert werden, aber schließlich kam es doch nach Deutschland. Es erhielt den Namen „Hansa". Die drei in Bristol bestellten Schiffe wurden im Herbst abgenommen; das größte, die Dampfkorvette „Cora", wurde auf den Namen des hannoverschen Königs „Ernst August" getauft, die beiden andern „Großherzog von Oldenburg" und „Frankfurt" benannt. Schließlich übernahm das Reich aus der schleswig-holsteinischen Flottille noch den kleinen Dampfer „Bonin" und einige Kanonenboote, und auch die Segelfregatte „Eckernförde", die ehemalige „Gefion", die am 5. April 1849 bei ihrem Versuch, die Strandbatterie von Eckernförde niederzukämpfen, von den deutschen Soldaten erobert worden war, wurde der Reichsflotte zugerechnet.

So gehörten zur deutschen Flotte — wir folgen in der Hauptsache dem Bericht des österreichischen Fregattenkapitäns v. Bourguignon vom März 1850 — folgende Schiffe:

1. „Hansa" (früher „United States"), 750 Pferdekräfte, 11 Bombenkanonen, 260 Mann Besatzung.
2. „Barbarossa" (früher „Britannia"), 450 Pferdekräfte, 9 68-Pfünder, 200 Mann.
3. „Ernst August" (früher „Cora"), 270 Pferdekräfte, 6 68-Pfünder, 150 Mann.
4. „Lübeck" (aus der Hamburger Flottille), 180 Pferdekräfte, 2 25- bezw. 32-Pfünder, 100 Mann.
5. „Hamburg" (aus der Hamburger Flottille), 180 Pferdekräfte, 2 25- bezw. 32-Pfünder, 100 Mann.
6. „Bremen", wie „Hamburg".
7. „Großherzog v. Oldenburg" (früher „Inca"), 230 Pferdekräfte, 2 68- bezw. 32-Pfünder, 100 Mann.
8. „Frankfurt" (früher „Cacique"), 180 Pferdekräfte, sonst wie „Großherzog v. Oldenburg".
   Diese Schiffe lagen damals vor Bremerhaven.
9. „Erzherzog Johann" (früher „Acadia"), 410 Pferdekräfte, 200 Mann, im Trockendock zu Brake.
10. „Deutschland" (aus der Hamburger Flottille), 200 Mann, ein Segelschiff, das auf der Geeste lag.
11. „Eckernförde" (früher „Gefion"), Segelfregatte, eingerichtet für 48 Kanonen, in Eckernförde.
12. „Bonin" (aus der schleswig-holsteinischen Flottille), 180 Pferdekräfte, eine 84pfündige, eine 60pfündige Bombenkanone und zwei 30pfündige Granatenkanonen, in Kiel.
13.—38. 26 Kanonenboote in Vegesack.
39.—53. 15 Kanonenboote in verschiedenen Häfen der schleswig-holsteinischen Ostküste.

Die „Eckernförde" konnte erst im November 1850 nach der Nordsee gebracht werden; „Bonin" und die 15 Ostseekanonenboote wurden aus Mangel an Geldmitteln niemals faktisch übernommen. Die Maßnahmen, die für die Küstenverteidigung im engeren Sinne getroffen wurden, die Versorgung mit Material aller Art übergehen wir. Sie haben nur fachmännisches Interesse. Ein Wort muß aber über Mannschaften und Offiziere gesagt werden. Da keine Wehrpflicht der seemännischen Bevölkerung für die Marine bestand und das Zustandekommen der Verfassung immer zweifelhafter wurde, blieb trotz der wohlwollenden Haltung der Einzelstaaten nur die Anwerbung übrig. Die Stärke der Bemannung von „Barbarossa", „Erzherzog Johann", „Hamburg", „Lübeck", „Bremen" und „Deutschland" wurde bis zum 18. April 1849 auf 556 Köpfe gebracht; damit fehlten aber immer noch gegen 300 Mann. Besondere Schwierigkeiten machte die Bemannung der Kanonenboote; „die Seeleute hatten", berichtet Duckwitz, „zum Ruderdienst keine Neigung". Trotz fortgesetzter Werbungen ist die volle Sollstärke nicht für alle Schiffe erreicht worden. Dagegen ließ sich nach und nach der Offiziersbedarf decken. Eine vom Kontreadmiral Brommy aufgestellte „Liste der Offiziere, Fähnriche und Seejunker, sowie des Marinekorps und des Sanitätswesens nach dem Stande vom 1. Mai 1850" führt auf: 1 Korvettenkapitän, 9 Leutnants 1. Klasse, 4 Leutnants 2. Klasse, 14 Hülfs-Offiziere, 23 Schiffs-Fähnriche, 16 Wirkliche Seejunker, 22 Freiwillige Seejunker, 1 Hauptmann des Marinekorps, 2 Sekondleutnants des Marinekorps, 1 Oberfeuerwerker, 1 Marinestabsarzt, 7 Ärzte 2. Klasse, 1 Unterarzt und 1 Apotheker. Der Korvettenkapitän war ein Engländer, unter den Leutnants 1. Klasse befanden sich ein Holländer, 2 Engländer, 5 Belgier und nur ein Deutscher, ein Zustand, mit dem man sich nun einmal für den Anfang abfinden mußte. Danach ist es durchaus glaubhaft, daß, wie der schon erwähnte oldenburgische Geheimrat Erdmann in seinen Erinnerungen erzählt, im März 1850 nach einer Besichtigung durch den Österreicher v. Bourguignon bei dem anschließenden Diner für die Kommandeure aller Schiffe und die Verwaltungsspitzen „eine babylonische Sprachverwirrung" herrschte, indem Teutsch, Französisch, Englisch, Griechisch und Kroatisch sonderbar durcheinanderklang. Unter den Leutnants 2. Klasse fand sich nur ein Ausländer, unter den Schiffsfähnrichen ein Luxemburger, der als Kadett in der belgischen Marine gedient hatte, unter den Seejunkern der Sohn des englischen Fregattenkapitäns; alle übrigen waren Deutsche. Die meisten Hülfsoffiziere und Schiffsfähnriche waren ehemalige Kapitäne und Steuerleute der Handelsmarine. Unter den Seejunkern fällt die große Zahl der Gymnasiasten auf. Den Hauptteil der Fähnriche und Junker stellten Hannover, Oldenburg, Bremen und Hamburg, doch war auch Mitteldeutschland nicht übel vertreten, auch 3 Posener, 2 Ostpreußen und 1 Schlesier hatten sich eingefunden, dagegen aus Süddeutschland ein einziger, ein Bayer vom rechten Mainufer. Über den Main hinüber scheint die Anziehungskraft der See noch nicht gereicht zu haben. Bourguignon berichtet, die Ausländer unter den Offizieren hätten sich mit wenigen einzelnen Ausnahmen die deutsche Sprache soweit zu eigen gemacht, um deutsch kommandieren und den Dienst betreiben zu können. Es herrsche unter den Offizieren „mehr militärischer Geist, als man bei einem so jungen Militärkörper, wie die deutsche Marine sei, und der Verschiedenheit der Elemente, aus welchen derselbe gebildet werden mußte, zu finden erwarten durfte". Auch mit den Ergebnissen des Unterrichts, den die Seejunker auf der „Deutschland" erhielten, äußerte er seine Zufriedenheit. —

Im Winter 1848/49, als die Flotte noch größtenteils auf dem Papier stand, als es sich nur um die Instandsetzung der Hamburger Flottille und um Vorbereitungen zu Neuerwerbungen handelte, ließen sich die Geschäfte vom Frankfurter Reichsministerium aus sehr wohl leiten. Sobald aber die Hamburger Schiffe bewaffnet und bemannt werden mußten, die Korvetten aus England eintrafen und eine Menge Material sich anhäufte, als Verwaltungsgebäude und Werkstätten in der Nähe der Flotte erforderlich wurden und vor allem ein Oberbefehlshaber ernannt werden mußte, trat die Notwendigkeit ein, die bisherige Organisation zu erweitern und einen Teil nach dem Standort der Flotte selbst zu legen.

Die Kriegshafenfrage war damals schon eingehend erörtert worden. Die Ostsee kam nach Lage der Verhältnisse vorläufig nicht in Betracht. Duckwitz entschied sich für die Anlage einer „interimistischen Nordseestation an der Weser zu Bremerhaven". Man warf ihm später vor, „die Flotte quasi als Bremer Familiensache betrieben" zu haben. Daß bei ihm die Rücksicht auf seine Vaterstadt eine gewisse Rolle spielte, darf man wohl annehmen, nicht aber, daß sie die sachlichen Gesichtspunkte überwog. Oldenburg gab sich alle erdenkliche Mühe,

Fährhoek an der Jade als künftigen Hafenplatz zu empfehlen. Ingrimmig erzählt Erdmann von einer Kommissionsbesichtigung im Februar 1849: „Ich fand sie bereits gehörig für die bremischen Sonderinteressen bearbeitet". Aber die Erörterung dieser Dinge würde zu weit führen; es ist ja auch nicht bis zur Anlage eines Kriegshafens gekommen. Duckwitz' Ansicht setzte sich durch, die Schiffe lagen zunächst auf der Weser bei Bremerhaven. Hier wurde denn auch die neue Verwaltungsbehörde, die man jetzt schuf, untergebracht, die sogenannte „Seezeugmeisterei".

An ihre Spitze trat, nachdem sich die technische Marinekommission im Februar 1849 aufgelöst hatte und Schroeder, Donner und Kudriafsky in ihre bisherigen Dienste zurückgetreten waren, der einzige noch übrigbleibende Marineoffizier, der für diese Stelle in Frage kam, der griechische Fregattenkapitän Karl Rudolf Brommy. Ihm wurde unter Ernennung zum Kapitän zur See am 5. April 1849 die Verwaltung der Seezeugmeisterei und zugleich der Oberbefehl über die Flotte übertragen. Es sei hier gleich vorweg erwähnt, daß er im August 1849 zum Kommodore und im November desselben Jahres zum Kontreadmiral befördert wurde.

Zum Verwaltungsbereich der Seezeugmeisterei gehörten: Neubau und Ausbesserungen an Schiffen, Maschinen und Gebäuden, Ausrüstung der Schiffe, Beschaffung der Vorräte, Bekleidung, Verproviantierung und Lazarettwesen. Später wurde ihr zur Verwaltung der Vorräte eine besondere „Materialdirektion" unterstellt. Neben ihr stand die Intendantur für das gesamte Marinekassen- und Rechnungswesen. Die Befehlsverhältnisse waren schwankend und zeitweilig unzweckmäßig geregelt. Im Frühjahr 1850 wurden Seezeugmeisterei und Materialdirektion dem Hauptmann Weber unterstellt, und Brommy behielt unter seinem unmittelbaren Befehl nur die in Dienst gestellten Fahrzeuge nebst Bemannung. Sehr bald übertrug man ihm jedoch auch die Stellung eines Disziplinarvorgesetzten des gesamten Flottenpersonals und die Oberaufsicht über alle Zweige des Marinedienstes, so daß die notwendige Einheit der Leitung wiederhergestellt war.

Unterdessen gingen auch im Ministerium einschneidende Veränderungen vor sich. Am 9. Mai 1849 nahm das erste Reichsministerium seine Entlassung; mithin schied auch Duckwitz aus. Er war gelegentlich in der Nationalversammlung, die er im Interesse der Sache nicht immer auf dem Laufenden halten durfte, und erst im März des Jahres von Hamburg aus mit den heftigsten Vorwürfen überschüttet worden. Sie mögen zum Teil berechtigt gewesen sein, im Hinblick auf das Ganze wird man doch sagen müssen, daß nicht abzusehen ist, wie ohne seine Tatkraft, da sonst niemand den Mut fand, den schweren Block fortzuwälzen, auch nur das Geringste zustande gebracht worden wäre. Aus der bisherigen Marineabteilung des Handelsministeriums wurde nun entsprechend den von der technischen Marinekommission aufgestellten Plänen in dem neuen Reichskabinett ein eigenes Marineministerium gebildet. An dessen Spitze trat Mitte Mai der in vieler Herren Diensten erfahrene Generalleutnant August Jochmus, ein geborener Hamburger, eine stattliche soldatische Erscheinung, der weitreichende Beziehungen zur internationalen Diplomatie besaß und vom Reichsverweser auch mit dem Ministerium des Auswärtigen betraut wurde. Er erkannte durchaus den militärischen Wert einer Flotte, war aber in österreichischen Interessen befangen und hielt sich während des größten Teils seiner Amtsführung als Begleiter des Erzherzogs Johann in Gastein auf. In dieser Zeit übernahm der Reichsfinanzminister Merck, gleichfalls ein Hamburger, seine Vertretung.

Die Seele der Flotte wurde nun Brommy, der eigentlich Bromme hieß und aus Sachsen stammte. Er war am 10. September 1804 zu Anger bei Leipzig geboren. In jungen Jahren trat er in englische, alsdann in griechische Dienste. Der bayrische Gesandte in Athen gewann ihn für das neue Deutschland. Neben Duckwitz muß er als der eigentliche Schöpfer der ersten deutschen Flotte bezeichnet werden. „Die Marineverwaltung", sagt Bär in seinem Buch über die deutsche Flotte von 1848, „hätte keine bessere Wahl treffen können, selbst wenn ihr die größte Auswahl der tüchtigsten Seeleute zur Verfügung gestanden hätte. Keiner hätte mit mehr Hingebung und Treue, mit größerer Sachkenntnis der deutschen Marine dienen können, als er es vom Anfang bis zum Ende der jungen Schöpfung getan hat. Was mit ihr an kriegsmäßiger Brauchbarkeit bei geringen Mitteln, was an seemännischer Zucht der Mannschaft geleistet werden konnte und geleistet worden ist, das ist in allererster Linie sein Werk gewesen. Er fand nichts vor als das rohe Material der Schiffe, zusammengewürfelte Offiziere verschiedenster Herkunft, zusammengeworbene Mannschaft. In unermüdlicher Sorgfalt hat er daraus trotz der bald eintretenden allerschwierigsten Verhältnisse ein Ganzes, in der von ihm eingerichteten Seezeugmeisterei eine musterhafte Ordnung geschaffen, die ihm schon damals die Liebe seiner Untergebenen erwarb und darüber hinaus den Anspruch gegeben hat auf stets dankbare und achtungsvolle Nennung seines Namens in der deutschen Geschichte."

III. Der Kampf um die Erhaltung der Flotte.

1.

Die Flotte war ein Kind des Willens der deutschen Nation zur Einheit. Wurde das deutsche Reich, der Traum und die Sehnsucht der Besten, zur Wirklichkeit, so stand zu erwarten, daß sie mit diesem Reich wuchs und blühte; scheiterte das Einigungswerk, so drohte ihrem jungen Dasein die höchste Gefahr.

Der Traum zerrann, das Reich kam nicht zustande. Mit knapper Mehrheit ward in Frankfurt die Übertragung der Kaiserkrone an den König von Preußen beschlossen. Friedrich Wilhelms IV. Antwort auf das Angebot bedeutete eine Ablehnung. Wäre seine Entscheidung anders ausgefallen, so hätte er die Anerkennung des größeren Teiles von Deutschland mit dem Schwert erkämpfen müssen. Weder Österreich noch eines der Königreiche war gewillt, sich der Frankfurter Reichsverfassung zu unterwerfen. Schwarzenberg, der neue Minister des jungen Kaisers Franz Joseph, erklärte, „der österreichische Kaiser werde sich niemals die Unterordnung unter einen deutschen Fürsten gefallen lassen und nie einwilligen, daß ein fremder gesetzgebender Körper auf den österreichischen Staat eine Wirksamkeit ausübe". Die österreichischen Abgeordneten der Nationalversammlung wurden abberufen. Es beirrte den rücksichtslosen Verfechter der Reaktion nicht, daß er damals noch mitten im Kampf mit den revolutionären Mächten seiner Länder stand. Der Kaiserstaat wurde durch das Heer gerettet, im Sommer 1849 mit russischer Hilfe auch Ungarn unterworfen. Das alte Österreich war damit wieder zu Kräften gekommen, nachdem es fast ein Jahr lang für die deutschen Dinge so gut wie ausgeschaltet gewesen war. Auch in Preußen hatte um die Wende des Jahres 1848 das Königtum die Zügel wieder in die Hand genommen. Das Frankfurter Parlament zerfiel, am 18. Juni 1849 ward sein Rest, das „Stuttgarter Rumpfparlament", aufgelöst. Für die zukünftige Gestaltung Deutschlands kam kein „Volkswille" mehr in Betracht, sondern alles hing davon ab, ob und wie die beiden deutschen Großmächte sich einigen würden.

Friedrich Wilhelm IV. gab den Gedanken der deutschen Einheit nicht auf; er versuchte es mit einer Einigung in engerem Kreise. Sein Ziel bildete ein deutscher Bundesstaat unter preußischer Führung, mit dem dann Österreich in einen „ewigen Bund" treten sollte. Am 27. Mai 1849 ging er mit Hannover und Sachsen das „Dreikönigsbündnis" ein, in Erwartung des allmählichen Beitritts der andern deutschen Staaten. Dieser „Union" schlossen sich auch nach und nach 17 kleinere Staaten an. Zur speziellen Geschäftsführung wurde ein gemeinsamer „Verwaltungsrat" eingerichtet. Welchen Sinn hatte da noch die Frankfurter Zentralgewalt? Der Reichsverweser hatte schon vorher zurückzutreten gewünscht und dies in Berlin wissen lassen, Friedrich Wilhelm war bereit gewesen, die Zentralgewalt zu übernehmen. Da tat Schwarzenberg einen geschickten Gegenzug: er bestimmte den Erzherzog Johann zum Bleiben. Damals bildete Johann das neue Reichskabinett mit Jochmus als Marineminister. Preußen weigerte sich nun zwar, die Zentralgewalt anzuerkennen, aber Johann berief sich darauf, seinerzeit in sämtliche Rechte des Bundestages eingetreten zu sein; er werde sie wahren bis zur Einsetzung eines neuen Bundes-Zentralorgans. Österreich, zielbewußter und rücksichtsloser als Preußen, begann dieses langsam mattzusetzen. Nach dem Siege über Ungarn schlug es Preußen eine vorläufige Einigung unter Ausschaltung der Mittelstaaten vor. Friedrich Wilhelm, dem ein Einvernehmen mit Österreich über alles ging, ließ sich dazu einfangen. Am 30. September 1849 beschlossen beide Staaten die Einrichtung einer „Bundes-Zentral-Kommission" für die Zeit bis zum 1. Mai 1850; sie löste im Dezember die Provisorische Zentralgewalt ab. Preußens Union lockerte sich. Als im Oktober die Wahlen zum Unionsparlament angesetzt wurden, traten Hannover und Sachsen aus dem Verwaltungsrate aus. Schwarzenberg protestierte gegen das Parlament. Es blieb belanglos, daß dieses, als es in Erfurt zusammentrat, im April eine Unionsverfassung schuf: der österreichische Minister lud die deutschen Staaten außer Preußen zu einem Kongreß zu

Einsetzung einer neuen Zentralgewalt, da die bisherige am 1. Mai ablaufe. Am 16. Mai konstituierten sich die Kongreßbevollmächtigten in Frankfurt als Plenum des Bundestages. Noch mehr: Österreich, auf Rußland gestützt, gab Schleswig-Holstein preis, für das Preußen, als am 3. April 1849 die Feindseligkeiten wieder angefangen hatten, von neuem eingetreten war. Am 2. Juli 1850 mußte Preußen unter russischem Druck Frieden schließen. Die Spannung wuchs, als in der hessischen Verfassungsfrage sich noch ein weiterer Gegensatz zwischen den beiden deutschen Mächten auftat. Fast hätte man an die Waffen appelliert, da gab Preußen am 29. November 1850 zu Olmütz den Schwarzenbergschen Forderungen nach. Schleswig-Holstein ward den Dänen mitsamt seinen Schiffen endgültig ausgeliefert, österreichische Truppen rückten in Holstein ein, wo man sich immer noch mannhaft wehrte, machten der Landesregierung ein Ende und lösten die Armee der Herzogtümer auf. In Hessen wurde nach Österreichs Willen verfahren, und endlich willigte Preußen unter Aufgabe seiner Union in die Wiederherstellung des Deutschen Bundes, über dessen materielle Gestaltung allerdings noch auf den „Dresdner Konferenzen" beraten werden sollte. Da aber hier keine Einigung erzielt wurde, so kehrte man zum alten Bundestag zurück. Er ward im Mai 1851 eröffnet. Die Einheit Deutschlands war in Dunst aufgegangen. Österreich, der alte Feind des nationalen Gedankens, stand siegreich da.

2.

Diese Übersicht über die innerdeutsche Politik der Jahre 1849—1851 konnten wir uns nicht ersparen, wenn wir für das Verständnis der weiteren Behandlung der Flottenfrage eine Grundlage gewinnen wollten. Denn die Flotte war und blieb von den politischen Veränderungen abhängig, von der Gesamtgestaltung Deutschlands und von der Haltung der Einzelstaaten.

Das zeigte sich schon frühzeitig in der Angelegenheit der deutschen Kriegsflagge.

Bereits der Fünfzigerausschuß sprach im Mai 1848 den Wunsch aus, alle deutschen bewaffneten Fahrzeuge sollten das schwarz-rot-goldene Banner führen. Am 12. November erließ das Reichsministerium ein entsprechendes Gesetz. Hiervon wurde aber nur der Regierung der Vereinigten Staaten Mitteilung gemacht, unter deren Beistand ja, wie wir uns erinnern, ein Kriegsschiff ausgerüstet werden sollte. Die europäischen Staaten erhielten keine Anzeige, teils wegen mangelnder Vertretung des Reiches im Auslande, teils deshalb, weil man noch kein einziges Kriegsschiff besaß, das man hätte in See gehen lassen können, besonders aber aus dem Grunde, weil die großen Seemächte die Provisorische Zentralgewalt überhaupt nicht anerkannten. Man wollte daher lieber warten bis zur endgültigen Konstituierung des neuen Reichs; ja, im Drange der wechselvollen Ereignisse vergaß man die Sache überhaupt.

Das neue Reichsministerium vom Mai 1849 war der irrtümlichen Meinung, die Mitteilung der Farben sei erfolgt und alles in bester Ordnung. Es sollte auf beschämende Weise eines besseren belehrt werden. Als nach Wiederausbruch des dänischen Krieges der dänische Dampfer „Valkyren" vor der Wesermündung kreuzte, lief Brommy mit „Barbarossa", „Hamburg" und „Lübeck" aus, um ihn zu verjagen. Der Däne flüchtete unter die Küste von Helgoland; dort winkte ihm unter englischem Schutz Rettung. Im Eifer der Verfolgung kam eins der deutschen Schiffe der helgoländischen Küste so nahe, daß der englische Gouverneur glaubte, die britische Hoheitsgrenze sei verletzt. Ohne weiteres ließ er das Feuer eröffnen. Nun brach Brommy die Verfolgung ab. Das war das Seegefecht von Helgoland vom 4. Juni 1849, der einzige Tag, an dem die Flotte mit einem Feinde in Berührung kam. Der englische Minister Palmerston aber war über das Auftreten deutscher Schiffe unter deutscher Flagge empört. Durch den britischen Geschäftsträger in Hamburg — denn die Zentralgewalt war für ihn nicht vorhanden, zumal ja „ihre faktische Auflösung der König von Preußen selbst öffentlich verkündet" hatte — ließ er mitteilen, „daß, wenn keine vorhandene Regierung jene Dampfschiffe als unter ihrer Botmäßigkeit fahrend anerkannte, dieselben der Gefahr ausgesetzt seien, als Piraten behandelt zu werden". Noch deutlicher wurde das Leibblatt des Ministers; höhnisch und unter Mißachtung aller geschichtlichen Wahrheit schrieb es, die Deutschen sollten sich den Luxus einer Kriegsflotte sparen. „Sie mögen den Boden pflügen, mit den Wolken segeln und Luftschlösser bauen, aber nie seit Anfang der Zeiten hatten sie den Genius, das Weltmeer zu durchmessen oder die hohe See oder auch nur die schmalen Gewässer zu durchfahren." Jochmus stöhnte in Gastein über die Sprache seines „alten Bekannten und Freundes", eine Sprache, „wie er sie wohl gegenüber Griechenland, Portugal oder sonst einem Staate vierten Ranges zu führen sich angewöhnt" habe, aber Genugtuung konnte er nicht verlangen, denn formell war Palmerston im Recht. Ehe die Reichsgewalt nicht auf stärkeren Füßen stand, blieb also der Flotte die See verschlossen. Daß Preußen dem Reichsverweser gerade jetzt die Anerkennung entzogen hatte, wog besonders schwer. Es war vergeblich, daß das Reichsministerium jetzt schleunigst die versäumte Mitteilung des Flaggengesetzes an die europäischen Regierungen nachholte. Die Engländer, auf die es vor allem ankam, wollten von einer deutschen Flagge nichts wissen, „bis ein Deutsches Reich endgültig errichtet wäre". Auch die Zuständigkeit der Bundes-Zentral-Kommission in diesem Punkte erkannten sie nicht an. Preußen und Österreich erstatteten im Mai 1850 hinsichtlich der deutschen Kriegsflagge gemeinschaftlich Anzeige. Frankreich, die Niederlande, Sardinien, Portugal, Neapel, Spanien und Griechenland erkannten daraufhin die Flagge an, aber Palmerston erklärte wieder, er wolle die Antwort „in dieser nicht sehr dringlichen Angelegenheit verschieben, bis er eine Mitteilung von einer anerkannten und öffentlichen Behörde, die den deutschen Bund repräsentiere, erhalten habe". Übrigens stellte sich auch Rußland auf denselben Standpunkt. So trug die Uneinigkeit der deutschen Staaten, die Tatsache, daß die deutsche Einheit immer mehr zu einem bloßen Wunschgebilde verblaßte, die Schuld daran, daß die deutsche Flagge dazu verurteilt war, ruhmlos am heimischen Strande zu wehen, und daß die Flotte, selbst wenn ihr dies nicht aus anderen Gründen verwehrt gewesen wäre, nicht einmal eine größere Übungsfahrt hätte machen dürfen, ohne sich der tiefsten Demütigung auszusetzen.

3.

Daß die internationale Anerkennung der Kriegsflagge vorläufig ausblieb, ging der Flotte nicht ans Leben; aber tödlich getroffen mußte sie werden, wenn die einzelnen Staaten ihren Zahlungsverpflichtungen nicht nachkamen.

Das Geld, mit dessen Hilfe sie geschaffen werden sollte, war von der Nationalversammlung bewilligt worden, und die Provisorische Zentralgewalt hatte im Oktober 1848 die erste Rate davon auf die Einzelstaaten umgelegt. Wir haben bereits erzählt, daß Österreich, Sachsen und Bayern sich sogleich weigerten, ihren Anteil zu bezahlen.

Die beiden Königreiche lehnten die Zahlung nicht grundsätzlich ab, wenngleich schließlich das eine doch nichts gab und das andere seine Verpflichtungen nur zur Hälfte erfüllte. Österreich dagegen, das fast ein Drittel der Gesamtsumme hätte tragen müssen, legte von vornherein gegen die Teilnahme an der Umlage Verwahrung ein und hielt an diesem Standpunkt unerbittlich fest. Durch nichts konnte die Flottenfeindschaft des habsburgischen Staates von Anfang an schärfer gekennzeichnet werden. Schwarzenberg suchte dies zu verhüllen. Er stellte einen Ausgleich durch Bereithaltung von Kriegsschiffen der Adriaflotte in Aussicht. Die österreichische Regierung ließ sich aber weder sogleich noch später zu einer unzweideutigen Äußerung darüber bewegen, ob diese Schiffe, wie es zu einem wirklichen Ausgleich erforderlich gewesen wäre, Reichseigentum werden sollten oder ob sie damit nur einen Schutz ihrer eigenen Küste versprach. Dieser „Ausgleich" sah um so fragwürdiger aus, als sich die österreichische Marine, wie jedermann wußte, damals in einem höchst kläglichen Zustand befand.

Ganz anders Preußen. Es bezahlte seine erste Rate in Höhe von 1½ Millionen Gulden in bar, und auf die zweite — die im Februar 1849 umgelegt wurde — verrechnete es seinem Abkommen mit dem Reichsministerium entsprechend die von ihm gelieferten Kanonenboote und Materialien. Es hatte, wie erinnerlich, zugunsten der Frankfurter Flotte seine eigenen Marinepläne zurückgestellt und kam auf diese erst wieder zurück, als es nach Jahresfrist die Notwendigkeit erkannte, seine Interessen zur See allein zu schützen.

Von den übrigen Staaten haben 14 ihre Beiträge vollständig entrichtet, nämlich Hamburg, Bremen, Lübeck, Mecklenburg-Schwerin, Lauenburg, Holstein, Hannover, Oldenburg, Nassau, Frankfurt, Anhalt-Dessau, Waldeck, Schaumburg-Lippe und Schwarzburg-Rudolstadt. Außer Österreich und Sachsen haben auch Kurhessen und Luxemburg nichts beigesteuert, alle übrigen nur einen Teil. Im ganzen sind von der Summe, die die Nationalversammlung bewilligt hatte, nur 3 629 048 Gulden bezahlt worden, dagegen 6 870 952 Gulden rückständig geblieben. Rechnen wir zu dem bezahlten Betrage die 190 492

Gulden freiwilliger Beiträge und die 1849 aus Festungsbaugeldern bewilligten Vorschüsse im Betrage von 1 502 864 Gulden hinzu, so haben für die Flotte bis zum Ende des Jahres 1849 5 322 404 Gulden zur Verfügung gestanden, d. h. nur etwa die Hälfte von dem, was die Marinesachverständigen der Nationalversammlung für nötig gehalten hatten. Schon unter Duckwitz war daher der Flottenausbau ins Stocken geraten, nach seinem Abgang konnte man nur die Erhaltung des Bestehenden ins Auge fassen. Die Flotte des zweiten Stadiums, von der Prinz Adalbert gesprochen hatte, blieb ein papierener Entwurf, an den niemand mehr dachte.

4.

Die Erhaltung des Bestehenden, das traurige Programm der nächsten Jahre, erforderte nun aber gleichfalls bedeutende Summen, denn die Aufwendung für das Material, die Ausbesserungen, die Löhnung, die Gehälter usw. verschlangen jährlich Hunderttausende. Wie, wenn die Gelder weiter so spärlich einliefen? Mußte dann nicht auch der eben errichtete Notbau in absehbarer Frist einstürzen? Es war nicht zu verkennen, daß der Enthusiasmus des Flottengründungsjahres verrauschte, und nichts deutete auf eine mögliche Sinnesänderung der geldverweigernden Regierungen hin. Auf wie unsicherem Boden selbst dieser Notbau stand, offenbarte sich jetzt mit einem Schlage. Es dauerte in der Tat nicht lange, da lebte die Flotte nur noch von der Hand in den Mund, da hatte sie um ihr nacktes Dasein einen bittern und beschämenden Kampf zu führen.

Während der Abwesenheit des Reichsverwesers Johann und des Marineministers Jochmus in Gastein gewannen die Räte der Marineverwaltung naturgemäß freieren Spielraum. Sie fühlten sich als lebendige Verkörperung des Flottengedankens aus den Tagen des großen nationalen Aufschwungs und hielten es für ihre Pflicht, kein Mittel unversucht zu lassen, um das drohende Unheil abzuwenden. Sie glaubten es schließlich verantworten zu können, wenn sie ohne Befehl von oben eigenmächtig vorgingen.

Die Ohnmacht der Zentralgewalt: das war das Verhängnis. Wollte man also die Flotte vor dem Bankrott bewahren, so mußte man sie von der Zentralgewalt lösen. Jordan verfolgte nun den Plan, sie unter die Obhut der in der

Bildung begriffenen Union zu bringen, die vielleicht eine neue
Einigung Deutschlands heraufführte, ja im Juli machte er
in Berlin den geradezu revolutionären Vorschlag, der Ver=
waltungsrat solle die Sache der Marine kurzerhand für die
seine erklären, ein Oberkommando in Hamburg ernennen und
die Ministerialbeamten zur Übersiedlung nach Hamburg auf=
fordern; sämtliche Räte und Bürobeamten würden dem Folge
leisten. Marcard bemühte sich, die Flotte seinem Heimatland
Hannover in die Hände zu spielen, und sogar Jochmus' Stell=
vertreter Merck steuerte in diese Richtung, obwohl er in seinem
Hamburger Sonderinteresse die Flotte am liebsten radikal
beseitigt hätte bis auf ein paar bewaffnete Fahrzeuge, die im
Frieden zum Verkehr mit den Kolonien zu verwenden waren.
Auch Duckwitz mischte sich von Bremen aus zugunsten Hanno=
vers ein. Hannover müsse die Flotte retten, die Nation werde
ihm zujauchzen. Sollten sich in Frankfurt Widerstände erheben,
so sei der dortigen Wirtschaft ein Ende zu machen, nötigenfalls
auch gegen „die gewohnte Kleiderordnung". Hannover nahm
die Anregung mit Freuden auf. Wenn die Flotte in Preußens
Hände geriet, so hatte dieser gefährliche Nachbar auf dem Wege
der friedlichen Eroberung Deutschlands einen großen Schritt
vorwärts getan. Dann fiel ihm auch die Leitung der deutschen
Handelspolitik zu. Das durfte man, auch wenn man offiziell
Unionsmitglied war, unter keinen Umständen zulassen. Die
Flotte geriet zwischen die spitzen Klippen der norddeutschen
Sonderpolitik, aber vielleicht lag dahinter doch ein ruhiger
Hafen. Ehe Hannover sich aber zu einem Entschluß aufraffte,
brachte Preußen die letzten Vorschläge Jordans vor den Ver=
waltungsrat. Es war Hannover ein leichtes, angesichts der
schweren politischen Bedenken, die ihnen entgegenstanden,
Preußen in den Hintergrund zu drängen. Mit großem Geschick
lenkte es die Beschlußfassung in die Bahn, die es eben selber
zu beschreiten erwogen hatte: Preußen sollte einen der Nordsee=
staaten — gemeint war natürlich Hannover selbst — ver=
anlassen, sich durch Vereinbarung mit dem Marineministerium
die gesamte Verwaltung der Flotte im Namen des Deutschen
Bundes übertragen zu lassen, und da Hannover allein die
Kosten nicht tragen konnte, so sollte die Union mit dafür auf=
kommen. Dementsprechend begann Hannover unverzüglich mit
Frankfurt zu verhandeln. Der finanzielle Zusammenbruch, der
vor der Tür stand, bewirkte, daß der Minister die Genehmigung

des Abkommens aussprach. Die Flotte schien wirklich den Hafen gefunden zu haben. Da türmten sich in letzter Stunde von allen Seiten neue Hindernisse auf: die Zentralgewalt wollte Oberbefehl und Oberaufsicht der Flotte behalten; dagegen erhob Preußen Widerspruch; die österreichische Regierung erkannte das Entscheidende des Augenblicks und streckte der Reichsregierung plötzlich 250 000 Gulden vor; damit wurde durch Beseitigung der augenblicklichen Not dem Vertrage der Boden entzogen; Österreich und Preußen verhandelten wegen der Errichtung der Bundes-Zentral-Kommission; darauf gab der Reichsverweser vor, zum Abschluß eines so folgenschweren Abkommens nicht mehr befugt zu sein. Und so blieb nach monatelangen hoffnungsvollen Verhandlungen glücklich alles beim alten, die Rettungsaktion war gescheitert.

5.

Inzwischen war die Frage aufgetaucht, wo die Flotte überwintern solle; auf der Weser konnte sie wegen der Treibeisgefahr nicht liegen bleiben. Sämtliche Seestaaten suchten sich mit verheißungsvollen Vorschlägen gegenseitig den Rang abzulaufen. Man dachte auch an Antwerpen und erwog eine Übungsfahrt nach Amerika oder ins Mittelländische Meer. Aber eine Übungsfahrt hatte wegen der ungelösten Flaggenfrage an sich ihre Bedenken, und bei der Nachricht, die Flotte wolle ins Mittelmeer, entstand eine gewaltige Aufregung, denn sofort war das Gerücht da, Österreich wolle sich bei dieser Gelegenheit der Flotte bemächtigen, Österreich, das doch für sie keinen Pfennig bezahlt hatte. In der Tat ist es nicht unmöglich, daß die österreichische Regierung sich eine Zeitlang mit diesem listigen Anschlag getragen hat; völlig geklärt ist die Sache nicht. Er war aber wegen der Kosten von vornherein unausführbar. Unterdessen hatte Oldenburg bei Brake aus eigenen Mitteln Baggerarbeiten unternommen, um den Schiffen ein geeignetes Winterlager zu schaffen. Es ist selbstverständlich, daß auch hier höchst reale Interessen die Hauptrolle spielten. Wenn bei Brake der Flottenstandort geschaffen wurde, mußten dem oldenburgischen Gebiet daraus erhebliche Vorteile erwachsen; man erhoffte auch einen gewissen Einfluß auf die weitere Ausgestaltung der Marine. Als nun im Spätherbst 1849 sich die Geldnot der Flotte der Katastrophe näherte — es waren 70 000 Taler zu zahlen, die Kasse verfügte aber nur über 400 — und Brommy mit dem verzweifelten Entschluß rang, mit seinen Schiffen nach einem fremden Hafen auszulaufen und dort solange auf Borg zu leben, bis man ihn auslösen würde, faßte die oldenburgische Regierung einen ähnlichen Plan wie Hannover im Sommer, nämlich sich bis zum Zusammentritt der Bundes=Zentral=Kommission mit der Verwaltung der Flotte betrauen zu lassen. Es wollte aber dabei, anders als Hannover, mit Preußen Hand in Hand gehen; der Verwaltungsrat oder Preußen allein sollte die erforderlichen Summen vorschußweise zahlen. Preußen willigte ein und versprach 100 000 Taler; Oldenburg sollte die Angelegenheit, ohne Aufsehen zu erregen, mit Brommy in Ordnung bringen. Brommy griff nach der rettenden Hand wie der Ertrinkende nach dem Strohhalm, er versprach auch, worauf Oldenburg den größten Wert legte, die großen Schiffe in Brake unterzubringen. Es bedurfte aber sehr schwieriger und zeitraubender Verhandlungen, bis es Brommy vom Ministerium gestattet wurde, das preußisch=oldenburgische Geld anzunehmen. Inzwischen war Frostwetter eingetreten, und so sah sich der Admiral gezwungen, die Schiffe doch auf die Geeste zu legen. Oldenburg hatte also seinen Hauptzweck nicht erreicht, und für die Flotte war nur der zweifelhafte Gewinn zu buchen, daß sie ihr Leben über den Winter hinwegfristete.

6.

Im Dezember 1849 trat die Bundes=Zentral=Kommission zusammen; sie brachte der Flotte keinen Vorteil, denn sie hemmte die Bewegungsfreiheit Preußens und mußte künftige Versuche der norddeutschen Staaten, ihr zu Hilfe zu kommen, erheblich erschweren. Drang doch jetzt auch Österreich in die Marineverwaltung selbst ein und gewann in der neuen „Abteilung für Marineangelegenheiten", in der es durch den Fregattenkapitän v. Bourguignon vertreten war, unmittelbar maßgeblichen Einfluß. Die Flotte mußte in noch höherem Grade als bisher zum bloßen Objekt einer Politik der Sonderinteressen herabsinken.

Für die preußische Politik, wie sie sich damals entwickelt hatte, gab es, wenn man die Flotte nicht überhaupt abschaffen wollte, nur zwei Möglichkeiten: entweder blieb die Flotte deutsch, und dann mußten endlich alle Staaten ihren Beitrag zahlen, oder sie ging an die Union über. Preußen brauchte also eine Klärung, ob Österreich (und sämtliche Unionsstaaten) zahlen oder ihr Miteigentum gegen Rückerstattung etwa geleisteter Beiträge aufgeben wollten. Von Österreichs Haltung hing demnach alles ab, denn seinem Beispiel mußte sich ohne Zweifel die Mehrzahl der Mittelstaaten anschließen. Österreich und Preußen hatten an die Bundes-Zentral-Kommission einen allgemeinen Vorschuß von 1 200 000 Gulden gegeben, womit die Bedürfnisse für Flotte und Bundesfestungen nur bis zum 1. April 1850 gedeckt waren. Die Beschaffung neuer Mittel war also dringend. Aber die österreichischen Kommissare waren nicht von der Stelle zu bewegen; sie blieben bei der alten Erklärung, Österreich werde auf einen Flottenbeitrag nicht eingehen, da es durch seine adriatische Marine zum Schutz der deutschen Interessen sogar mehr als seinen Beitrag geleistet habe. Auf die Frage, inwieweit diese Adriaflotte als Bundeseigentum anzusehen sei, hüllten sie sich in Schweigen. Dagegen hielten sie Österreichs Anspruch, über die Flotte in der Nordsee mitzubestimmen, in vollem Umfange aufrecht. Die Folge war, daß eine Beitragszahlung von seiten der übrigen Staaten auch nicht zu erreichen war.

Brommys Lage wurde, wie man voraussehen mußte, bald von neuem unhaltbar. Er war zu Ersparnissen aufgefordert worden: ein geradezu grotesker Gedanke. Man peinigte ihn von seiten der neuen Behörde mit kleinlichen und sinnlosen Verfügungen. Das Schreibwesen nahm überhand. Jeder Schuhnagel müsse belegt werden, klagte er. Es kam später so weit, daß bei nur 42 Flottenoffizieren nicht weniger als 76 Rechnungsbeamte in Bremerhaven saßen. In seiner Bedrängnis nahm er den vorjährigen Gedanken Oldenburgs wieder auf. Am 25. April 1850 schrieb er an den oldenburgischen Obersten Mosle: „Wenn es so wie jetzt fortgeht, ist die Marine ruiniert. Es wird nicht anders möglich sein, als Oldenburg mit der Oberaufsicht der Verwaltung provisorisch zu beauftragen. Wo das Geld herkommen soll? Nun, wo es früher in ähnlicher Lage herkam. Sie, Herr Oberst, wissen, wie ich denke, daß ich deutsch gesinnt bin und daß ich nur zu gut weiß, wo unsere deutschen Gesinnungen die beste Stütze finden können. Machen Sie es möglich, daß Preußen, wenn auch nicht ostensibel, doch durch Oldenburg die Sache vermittelt, und halten Sie sich überzeugt, daß es mein eifriges Bestreben sein wird, der dereinstigen deutschen Regierung die Flotte in einer Deutschlands würdigen Weise zu übergeben." Oldenburg wandte sich sofort an Preußen. Es war die Zeit, wo die Spannung zwischen den beiden deutschen Hauptmächten einen bedenklichen Grad erreicht hatte. Preußen war dabei, in Erfurt seine Unionsverfassung zu schaffen, Österreich, den Bundestag wieder ins Leben zu rufen. Wenn Preußen energisch handelte, mußte der Union die Flotte zufallen. Aber Preußens Politik litt an chronischer Unentschlossenheit, im großen wie im kleinen. Es war anfangs einverstanden, daß der Großherzog einstweilen die Flotte als Mandatar der Union unter seinen Schutz nehme, aber bald zog es sich hinter Vorbehalte zurück. Der Admiral wünschte, Preußen solle doch die Bundes-Zentral-Kommission, die ja nach dem 1. Mai 1850 nicht mehr rechtlich, sondern nur noch faktisch fortbestand, für aufgehoben erklären, um freie Hand zu bekommen; aber dazu wäre es nicht zu bringen gewesen, und so sah er sich selber außerstande, einen entscheidenden Schritt zu tun. Er äußerte damals zu Erdmann, die Flotte müsse Norddeutschland angehören, aber anbieten könne er sie nicht, am wenigsten, bevor er in positiver, bindender Weise wisse, daß die Union sie haben wolle. Unterstützung zur Aufrechterhaltung der Flotte nehme er, wenn die Bundeskommission das Nötige versage, unbedenklich aus der Hand des Großherzogs, wie von jedem Privaten, und wenn Deutschland mit dem Erlöschen der Bundeskommission in zwei Hälften zerfalle, verstehe es sich von selbst, daß die Flotte Norddeutschland verbleiben werde. Aber während des Fortbestehens der Bundeskommission die Flotte einem deutschen Staat antragen, auf die Gefahr hin, zurückgewiesen zu werden oder von der Bundeskommission abgesetzt oder ein Verräter gescholten zu werden, das sei nicht seine Sache; lieber lasse er dem Untergang der Flotte seinen Lauf und kehre mit seinem wohlbewahrten ehrlichen Namen in die bescheidene, sorgenfreie Stellung zurück, welche seine eigenen Mittel ihm gewährten". Er durchschaute wohl die schwierige Lage nicht, in die sich Preußen selbst hineinmanövriert hatte, und wie brüchig die Union schon damals war. Er glaubte irrtümlich, Preußen wolle die Flotte für sich haben, die Union sei nur ein Vorwand. Er war auch empört über einen peinlichen Zwischenfall mit der Fregatte „Eckernförde", die immer noch an der alten Stelle lag; entgegen den Bestimmungen der Provisorischen Zentralgewalt hielt dort ein preußisches Kommando das Schiff mitbesetzt und weigerte sich, von Bord zu gehen. Infolgedessen kam auch der preußische Hauptmann Geppert, der im Sommer mit ihm im Sinne der oldenburgischen Vorschläge verhandelte, mit ihm nicht weiter. „So lange noch ein Schatten einer Zentralgewalt besteht", sagte er, „folge ich dieser und gehe keinen Schritt darüber hinaus". Inzwischen hatte Schwarzenberg aus seiner unvergleichlich günstigeren Stellung heraus gegen seine norddeutschen Gegenspieler die alte Trumpfkarte ausgespielt, die das ganze Spiel entschied: im letzten Augenblick überwies er der Flotte einen neuen Vorschuß. Damit glitt sie Oldenburg-Preußen aus den Händen. Seine Drohung, dieser Vorschuß sei der letzte, und wenn die Staaten ihre Beiträge nicht bezahlten, — Österreich natürlich ausgenommen —, werde er auf öffentlichem Verkauf der Flotte bestehen, zeigte, wohin unter österreichischer Führung die Reise gehen sollte. Für Norddeutschland war die Gelegenheit zunächst verpaßt. Die Union brach auseinander, und Preußen demütigte sich in Olmütz. Auf den Dresdner Konferenzen trat die Flottenfeindschaft besonders der süddeutschen Staaten grell ans Licht. Man beantragte, Beschlüsse über die Flotte sollten künftig einer Dreiviertelmehrheit bedürfen. Bayern hätte am liebsten die Auflösung der Flotte gefordert. Es verquickte fortan die Flottenfrage mit der Zoll- und Handelspolitik; eine Flotte hätte, so argumentierte es, für Bayern nur dann einen Wert, wenn die Nordseestaaten von ihrer gesonderten Handelspolitik abließen. Auf denselben Standpunkt stellten sich Württemberg und Sachsen. Das einzige greifbare Ergebnis, das in Dresden für die Flotte herauskam, war die Vereinbarung einer neuen Matrikularumlage von 750 000 Gulden. Es war ein Löffel Medizin, der das Leben des Kranken verlängerte, ohne ihn zu heilen. Nach diesem Vorspiel hatte die Flotte von der Wiedereröffnung des Frankfurter Bundestages keine Hilfe mehr zu erwarten.

7.

Die hohe Bundesversammlung nahm auf Preußens Betreiben die Beratung über die todkranke Flotte sofort in Angriff. Der Zank, der entstand, ließ alles Bisherige weit hinter sich; er sollte die Herren in Frankfurt über zehn Monate lang in Atem halten. Wollte man alles, was an Protokollen, Gutachten, Protesten, Berichten, Noten und Briefen dabei zusammengeschrieben worden ist, zum Abdruck bringen, so müßte man Bände füllen.

Österreich erkannte, nachdem es mit unerwarteter Schnelligkeit aus der Flut der Revolution wieder mit voller Kraft emporgetaucht war, in dem Bund das bequeme Werkzeug zur Aufrichtung seiner Herrschaft in Deutschland. Im Besitze aller Mittel, sich die Mehrheit der Bundesversammlung zu sichern, fühlte es sich seiner Sache zu gewiß, um sich auf Verständigung mit Preußen einzulassen; es suchte im Gegenteil seinen Nebenbuhler, den es soeben durch überlegene Politik und schließlich durch Gewaltandrohung zur Teilnahme am Bunde gezwungen hatte, durch den Kampf in der Bundesversammlung mit Hilfe der Mehrheit völlig zu unterwerfen. Preußen sollte nicht mehr gelten als Sachsen oder Bayern. Diesem Gesichtspunkt ordnete es auch seine Stellung zur Flottenfrage unter. Es hatte an der Flotte kein sachliches, nur ein politisches Interesse. An der Herbeiführung einer schnellen Entscheidung lag ihm darum nichts, denn Opfer an Geld brachte es selber nicht, aber letzten Endes wollte es von einer Bundesflotte nichts wissen und arbeitete hinter den Kulissen gegen jeden ernsthaften Versuch, die Flotte in dieser oder jener Gestalt zu erhalten. Vor allem durfte sie Preußen nicht in die Hände fallen, auch keiner Staatenvereinigung, der Preußen angehörte; das hätte seinem Nebenbuhler einen unerträglichen Machtzuwachs gebracht. In diesem Streben hatte es Hannover, Sachsen und den Süden unbedingt auf seiner Seite. Von Bayern haben wir schon gesprochen. Dem König von Württemberg durfte man von der Flotte überhaupt nicht reden; für ihn genügte es zu ihrer Ablehnung, „daß sie ihren Ursprung von der Frankfurter Paulskirche, also von der Revolution herleitete, daß sie dazu bestimmt gewesen war, in einem Kriege von Aufständischen gegen ihren rechtmäßigen Herrscher zu dienen (Schleswig-Holstein!), und daß sie immer — so behauptete er — zu klein sein würde, um die geringste Bedeutung zu haben." Auch die Hansestädte wollten nichts mehr von ihr wissen.

Unter diesen Umständen war es zweifellos das Richtige, den Todeskampf der Flotte nicht noch weiter künstlich zu verlängern.

Daß Preußen nur den Plan verfolge, die Flotte an sich zu bringen, war eine fixe Idee, die sich in manchen Köpfen, namentlich denen der Hannoveraner, unausrottbar eingenistet hatte. Preußen dachte gar nicht daran, es stand neuerdings im

begriff, eine eigene Marine aufzubauen und hätte die Weser=
flotte jedem gern gegönnt. Es drängte aber, wie schon in der
Bundes-Zentral-Kommission, von Anfang an auf eine Ent=
scheidung, damit der unwürdige bisherige Zustand, in den es
sich durch eine unglückliche Politik verstrickt hatte, endlich auf=
hörte. Seit ihrer Gründung hatte es für die Flotte die Haupt=
last getragen und fast viermal so viel gezahlt als Hannover und
zwanzigmal so viel als Bayern, von Österreich ganz zu
schweigen. Jeder Rechtlichdenkende hätte es billigen müssen,
wenn es jetzt beantragte, daß vor Bewilligung neuer Summen
erst die grundsätzliche Frage geklärt werde, ob der Bund die
Flotte überhaupt beibehalten wolle, und daß, wenn dies der
Fall sei, zunächst endlich einmal die rückständigen Matrikular=
umlagen einzuzahlen seien. Es begegnete dem unverhohlenen
Widerwillen der Majorität. Um die Beantwortung der Kern=
frage, ob die Flotte als Bundeseigentum zu gelten habe oder
nicht, ging man mit der alten Gewandtheit herum, dagegen
wurde das üble Spiel des Fortwurstelns weitergeführt und
am 8. Juli 1851 eine neue Vorschußumlage von 532 000
Gulden mit Stimmenmehrheit beschlossen. Abermals steckte
man zum Vorteil der Nichtzahler die Hand in fremde Geld=
beutel. Preußen legte Verwahrung ein und erklärte das Ver=
fahren für rechtswidrig; die Flotte sei nicht als „organische
Bundeseinrichtung" anerkannt und folglich zu finanziellen Be=
schlüssen in Flottensachen Einstimmigkeit erforderlich. Die
Mehrheit entgegnete, in strittigen Fällen, wie dem vorliegenden,
sei sie selber berufen, die Zuständigkeit des Bundes
festzustellen, sonst könne ja der kleinste Bundesstaat die
notwendigsten Beschlüsse durch sein Veto hindern. Preußen
erwiderte, nach dieser Auffassung könnten umgekehrt die
großen Staaten durch die neun Stimmen der Kleinen
und Kleinsten zu allen rechtswidrigen Maßregeln verpflichtet
werden. Damit war man glücklich beim Prinzipienstreit
angelangt.

Kurz darauf trat Bismarck als Vertreter Preußens in die
Bundesversammlung ein. In ihm fanden die Österreicher mit
Erstaunen und Entrüstung zum ersten Male wieder seit langer
Zeit einen überlegenen Gegner. Bismarck focht den Kampf
mit Entschiedenheit durch. Aber schwerer als die Rechtsfrage
an sich fiel für ihn die politische Seite des Streites ins Gewicht:
er lehnte es ab, Preußen einem Mehrheitsbeschluß unterwerfen

zu lassen. Er setzte dem österreichischen Grafen Thun, dem Bundespräsidialgesandten, auseinander, man werde, wenn man in der Bundesversammlung durch eine rücksichtslose Durchführung des Majoritätssystems eine Preußen wider Willen zwingende Behörde ausbilde, diesem letzten Bande deutscher Einheit ein Gewicht anhängen, welches zu tragen es unvermögend sei. Man dürfe sich nicht der Illusion hingeben, durch den Mechanismus der Majoritätenabstimmung den tausendjährigen Dualismus Deutschlands für beseitigt zu halten. Wenn an diesem Widerstande die Flotte zerschellte, so war es nicht Preußens Schuld. Preußen war nicht nur formell im Recht; es wehrte sich nicht nur gegen den Widersinn, daß es für den Bund die Flotte bezahlte, indes die andern darüber verfügten; vor allem blieb es seine oberste Pflicht, gegen Österreichs Angriffe seine Großmachtstellung zu wahren. Der Gegner ließ sich nicht belehren, es stieg nur seine Gereiztheit. Es stieg aber auch die Geldverlegenheit. Sie erreichte im Januar 1852 einen solchen Grad, daß die hohe Versammlung eine Anleihe beim Frankfurter Bankhause Rothschild beschloß. Diesmal begnügte sich Bismarck nicht mit einem Protest; er ließ Rothschild mitteilen, Preußen werde ihn für alle aus der Zahlung etwa erwachsenden Nachteile haftpflichtig machen, zugleich drohte er, alle preußischen Zahlungen an die Bundeskasse zu sperren. Der erschrockene Bundesbankier zahlte nach anfänglicher Weigerung die verlangten 60000 Gulden, da er lieber sein Geld opfern als es — mit Österreich verderben wollte. Thun aber geriet außer sich und nannte den preußischen Widerspruch bei Rothschild eine Beleidigung des gesamten Bundes und eine Verhöhnung der Bundesbeschlüsse. Zwischen den beiden Großmächten schien der offene Bruch zu drohen.

Das Gewitter verzog sich wieder, auch Thun ward des langen Haders müde. Wenn man nur gewollt hätte, so wäre ein Ausweg schon zu finden gewesen. Was hatte man in den letzten Monaten nicht alles versucht! Bismarck hatte wiederholt erklärt, Preußen würde befriedigt sein, wenn man dem unhaltbaren Provisorium durch Teilung der brauchbaren und Verkauf der unbrauchbaren Schiffe ein Ende machte und Preußen durch Schiffsmaterial in natura abfände. Umsonst. Oldenburg hätte gern die Flotte auf die Grundlage des Zollvereins gestellt, wagte aber diesen Gedanken gar nicht öffentlich in die Erörterung zu werfen. Man hatte mit einem Eifer und einem Fleiß, der wirklich des Erfolges wert gewesen wäre, Pläne ausgearbeitet zu einer „Triasflotte", einer preußischen in der Ostsee, einer österreichischen in der Adria und einer Flotte der Nordseestaaten. In der letzten Sitzung, die dieser Lösung gewidmet war, hatte sich aber ein geradezu niederschmetterndes Ergebnis herausgestellt: die Willenserklärungen der einzelnen Staaten gingen soweit auseinander, daß fast jede eine andere Richtung verfolgte und einige schon im voraus gegen noch offenstehende Auswege Verwahrung einlegten. Es blieb noch eine Möglichkeit: einen engeren Staatenverein zusammenzubringen zur Erhaltung einer reinen Nordseeflotte. Für dieses Ziel setzte sich mit großer Energie Hannover ein, indem es dabei nach wie vor im Auge hatte, die Ausbreitung des preußischen Einflusses in Norddeutschland aufzuhalten. Es versuchte sogar die süddeutschen Staaten zu gewinnen. Preußen wäre, um die Flotte zu retten, bereit gewesen, diesem Vereine beizutreten, für die Väter des Planes eine schreckenerregende Vorstellung. Die hannoversche Regierung schrieb sogleich ihrem Frankfurter Vertreter, lieber würde sie die Flotte zugrunde gehen lassen, als dazu die Hand zu bieten. Sie verschickte ihre Einladungen zu einem Kongreß, ohne Preußen und Österreich zu berücksichtigen. Die Mittelstaaten durften zeigen, ob sie auf eigenen Füßen stehen konnten. Am 16. Februar beschloß die Bundesversammlung, zur Auflösung der Flotte zu schreiten, falls der Verein nicht zustande käme; für diesen Fall sicherte sich Preußen die Fregatten „Eckernförde" und „Barbarossa" durch sofortige Zahlung von 160 000 Gulden. Die Verhandlungen, die im März im königlichen Schlosse zu Hannover stattfanden, entschieden also über das endgültige Schicksal der Flotte. Nicht alle geladenen Regierungen waren vertreten; der große Moment fand ein kleines Geschlecht. Die Erschienenen knüpften ihre Zustimmung zu den hannoverschen Vorschlägen an Bedingungen, die untereinander im schärfsten Widerspruch standen. Vor allem aber erhob sich die Gesamtsumme der angebotenen Beiträge kaum über die Hälfte dessen, was die Flotte unter allen Umständen brauchte. Das Ende war da. Selbst Brommy, der Vielgeprüfte, der an den Sitzungen teilnahm und so dem Begräbnis seiner eigenen Schöpfung beiwohnte, erklärte, auf dieser Grundlage sei die Flotte nicht zu halten; man würde nur sein Geld wegwerfen, wenn man den bisherigen heillosen Zustand verlängere; es sei besser, die Flotte unverzüglich aufzulösen.

Am 2. April zog die Bundesversammlung die Summe der bisherigen Mühen und Kämpfe: sie beschloß die sofortige Auflösung.

IV. Die Auflösung der Flotte.

1.

Das Gefühl der Scham über das klägliche Ende, das man dem einstigen Lieblingskinde der deutschen Nation bereitete, war in der Bundesversammlung doch so stark, daß man den Beschluß faßte, eine öffentliche Bekanntmachung von seiten des Bundes zu vermeiden; dies sollte den Kommissaren überlassen bleiben, die man ernennen wollte. Drei Staaten sollten je einen Kommissar stellen; aber sämtliche Regierungen lehnten ab. Darauf einigte man sich auf einen Kommissar und suchte eine geeignete Privatperson zu ermitteln. Man mußte lange suchen, denn niemand mochte das Brandmal der Schande tragen, der Henker der deutschen Flotte zu sein. Endlich lenkte der oldenburgische Gesandte die Aufmerksamkeit auf den ehemaligen oldenburgischen Geheimen Staatsrat Dr. Hannibal Fischer; dieser übernahm den Auftrag ohne Bedenken.

Er hat damit eine traurige Berühmtheit erlangt; wer heute von der achtundvierziger Flotte überhaupt noch etwas weiß, der pflegt auch Hannibal Fischers Namen zu kennen. Ueber den Charakter des Mannes soll hier nicht geurteilt werden. Sicher ist, daß er für seine Aufgabe weder die nötige Geschäftsgewandtheit und technischen Kenntnisse noch den erforderlichen Takt mitbrachte. Er geriet in die übelsten Lagen, verwickelte sich in Streitereien mit Admiral Brommy und den Frankfurter Behörden und wurde durch unerbetene Vorschläge, die teilweise sogar seinem Auftrag widersprachen, den Regierungen lästig. So gab er z. B. in einer Denkschrift dem Grafen Thun zu verstehen, das Beste wäre, die Schiffe an Österreich und Preußen zu verschenken.

2.

Im Mai 1852 begab er sich nach Bremerhaven und machte in den Tageszeitungen bekannt, daß das Material der deutschen Flotte verkauft werden sollte. Nachdem „Eckernförde" und „Barbarossa" vertragsgemäß an Preußen übergeben worden waren, verblieben noch die Radfregatten „Hansa", „Erzherzog Johann", die sechs Radkorvetten „Ernst August", „Großherzog v. Oldenburg", „Frankfurt", „Hamburg", „Lübeck", „Bremen", die alte Segelfregatte „Deutschland", die 26 Kanonenboote und die Tjalk „Phota" (ein ehemals holländisches Fahrzeug, 1849 von Mannschaften der „Barbarossa" geborgen und von der Marine für 200 Taler gekauft). Es mußte eine Verkaufsliste der Schiffe gedruckt und ins Französische und Englische übersetzt werden. Damit ging viel Zeit verloren. Viel Schreibereien machte auch ein Verzeichnis der angeblich im Arsenal enthaltenen Gegenstände; Brommy gab ihre Zahl auf 320, Fischer auf 26840 an. Fischer hatte dabei alle Stücke einzeln gezählt, z. B. 2796 Lampendochte! Seine Unkenntnis in technischen Dingen, die sich bald herumsprach, hatte die unverschämtesten Angebote zur Folge. Trotz großer Propaganda zeigte sich kein Staat bereit, die Kriegsschiffe zu erwerben. Preußen war, obwohl Brommy sich persönlich beim Prinzen Adalbert dafür verwandte, nicht dazu zu bewegen, der beste Beweis dafür, daß es niemals, wie ihm gehässige Zungen nachgesagt hatten, die Geldverlegenheit der Flotte gefördert hatte, um sie wohlfeil in seinen Besitz zu bringen. Österreich wollte den „Ernst August" und den „Großherzog v. Oldenburg" kaufen, stand aber, da es bar bezahlen sollte, davon ab. Als Frachtschiffe aber waren die Dampfer schlecht zu brauchen und erforderten bedeutende Umbauten, einige waren sogar angefault; deshalb blieben die schließlich erzielten Preise weit unter dem Schätzungswert. Zuerst gelang es, die Fregatte „Deutschland" öffentlich zu versteigern. Es geschah „ohne Flagge, um das Publikum nicht zu reizen". Zahlreicher Fanhagel hatte sich eingefunden, um zu demonstrieren. Das Handlungshaus Rössing u. Muntz kaufte das Schiff für 9200 Taler anstatt der geschätzten 20000 Taler. Für die 26 Kanonenboote in Vegesack wurden nur 4100 Taler geboten. Das kam daher, weil die Kauflustigen, lauter Schiffszimmerleute an der Weser, darüber vorher eine Verabredung getroffen hatten. Das Anfangsgebot betrug 25 Taler! Sie wurden später an das Haus Bödecker in Bremen für 10600 Taler veräußert. Für die sechs Korvetten fand sich erst im Dezember ein ernsthafter Käufer, die General Steam Navigation Co. in London. Sie bot 238000 Taler und erhielt von Frankfurt aus den Zuschlag. „Hansa" und „Erzherzog Johann" wurden im Frühjahr 1853 an das Haus Fritze u. Co. in Bremen verkauft. In der Nacht nach dem Verkauf rückte ein Haufe betrunkener Matrosen, die ihre Entlassung gefeiert hatten, mit großem Hallo vor das Hotel, in dem Fischer wohnte, und der Bundeskommissar wurde, nach seinem eigenen Bericht, nur durch das Dazwischentreten seines energischen Wirtes vor Tätlichkeiten bewahrt. Die „Hansa" wurde später im Krimkriege an England verchartert, dann verkauft, bekam den Namen „Indian Empire" und verbrannte schließlich auf See. Die Tjalk „Phoka", die in Brake lag und in so schlechtem Zustande war, „daß sie trotz des Befehls des Admirals nicht über die Weser segeln konnte", erzielte 400 Taler. — Ein Teil der vorhandenen Geschütze und Waffen wurde auf die Bundesfestung Mainz überführt, ein anderer gegen Zahlung von Hannover, Oldenburg und Preußen übernommen, der Rest des Materials öffentlich versteigert. Der letzte Gegenstand war ein leerer Sarg.

Die Auflösung der Marinebehörden und die Entlassung der unteren Beamten erfolgte am 1. April 1853. Ende Juni wurde auch Fischer seines Auftrages als Flottenkommissar enthoben.

3.

Vom Flottenpersonal war der größte Teil schon am 1. Mai 1852 entlassen worden. Die Mannschaften bewahrten bis zuletzt Ordnung und Disziplin. Die weiteren Entlassungen erfolgten schrittweise mit dem Verkauf der Schiffe, wobei sich dann allerdings zuletzt gewisse Schwierigkeiten nicht vermeiden ließen. Die Entschädigung und Sicherstellung der Offiziere wäre eine rechtliche und sittliche Pflicht des Bundes gewesen, und Brommy war in mannhafter Weise bemüht, namentlich durch Vermittlung Hannovers, ihre berechtigten Erwartungen nicht zuschanden werden zu lassen. Aber der Bundestag hielt es nicht für unter seiner Würde, selbst über ihre rechtlichen Ansprüche hinwegzugehen. Die ohne Patent angestellten Offiziere wurden im Mai 1852 mit einer Abfindungssumme in Höhe eines Dreimonatsgehaltes entlassen, die anderen erhielten schließlich, bis sie einen neuen Dienst gefunden hatten, eine kleine Pension, die fünf Belgier ein dauerndes Jahresgeld von monatlich 40 Talern. Selbst Admiral Brommy, der am 30. Juni 1853 seines Dienstes enthoben wurde, blieb es nicht erspart, einen beschämenden Kampf durchzufechten, bis man ihm ein monatliches Ruhegehalt von 125 Talern zubilligte. Das war der Dank für die vorbildliche Treue, mit der er seine Kraft im Dienste des deutschen Vaterlandes verzehrt hatte. Durch die beständige seelische Spannung der letzten Jahre war er in seiner Gesundheit schwer geschädigt. Er versuchte vergebens, anderweitige Verwendung zu finden, z. B. in der preußischen Marine. Der Stellung als Chef der technischen Abteilung in der Admiralitätssektion in Mailand, die er für kurze Zeit übernahm, war sein geschwächter Körper nicht gewachsen; er kehrte krank zu seiner Familie nach Bremerhaven zurück. Im Dorfe Lesum bei Bremen erwarb er ein Haus und lebte dort in stiller Zurückgezogenheit, bis er am 9. Januar 1860 starb. Sein Leib wurde auf dem Friedhof des oldenburgischen Dorfes Hammelwarden bei Brake zur letzten Ruhe bestattet, gehüllt in die Flagge seines ehemaligen Flaggschiffes „Barbarossa", die ihm patriotische Frauen und Mädchen von Brake in den Tagen der Begeisterung gestiftet hatten. Dort lag das Grab des ersten deutschen Admirals Jahrzehnte lang ohne Schmuck und von der Nation vergessen. Erst als die Flottenbewegung des Kaiserreichs die Erinnerung an ihn weckte, setzte ihm der Alldeutsche Verband ein würdiges Denkmal. Es ward am 22. September 1897 enthüllt. Seine Inschrift, die der Marschendichter Hermann Allmers verfaßt hat, lautet:

„Karl Rudolf Brommy ruht in diesem Grabe,
der ersten deutschen Flotte Admiral.
Gedenkt des Wackern und gedenkt der Zeiten,
an schöner Hoffnung reich und bitterer Täuschung!"

Schluß.

Daß die achtundvierziger Flotte ein so schmähliches Ende fand, erfüllt noch heute jedes deutschfühlende Herz mit schmerzlicher Trauer. Man hätte dieses Schauspiel der Nation und der Welt bei einigem guten Willen ersparen können. Ihr Untergang war freilich bei der Entwicklung, die nun einmal die deutschen Verhältnisse genommen hatten, nicht abzuwenden, denn sie war unter Voraussetzungen gegründet worden, die sich in kurzer Zeit als irrig erwiesen. „Die Wurzel alles Übels für die Marine", so hat es später Duckwitz richtig formuliert,

„war und blieb, daß sie von einer Regierung geschaffen wurde, die ein Reich repräsentierte, dessen Existenz vorausgesetzt war, aber nicht ins Leben trat". Deshalb darf man aber die Träger der damaligen Flottenbewegung weder tadeln noch verlachen; sie rechtfertigt ihr nationales Wollen, das aus der Not des Tages die stärksten Antriebe empfing. Der Grundgedanke, von dem sie ausgingen, daß nämlich die Wahrung der deutschen Seeinteressen eine gesamtdeutsche Aufgabe sei, war zutreffend. Wenn sie nicht vorausgesehen haben, daß man schließlich wieder beim Deutschen Bunde anlangen würde, so teilten sie diesen Irrtum mit der überwältigenden Mehrheit ihrer Zeitgenossen. Der Deutsche Bund war nun allerdings kein Ersatz für das in überschwenglichen Hoffnungen schon zum Greifen nah geglaubte Reich, denn abgesehen von seinem lockeren Gefüge, das einen geschlossenen nationalen Willen nicht aufkommen ließ, war in ihm der Staat der Habsburger führend, dessen überwiegend außerdeutsche Interessen einer wahrhaft deutschen Politik im Wege standen. Der natürliche Hüter der deutschen Zukunft war und blieb Preußen; nur mit ihm und nicht mit Österreich konnte eine deutsche Flotte geschaffen und erhalten werden. Wenn überhaupt e i n Staat als der Schuldige am Untergang der Flotte bezeichnet werden kann, so ist dies Österreich. Preußen hat die Flotte gefördert, so lange es ihm ohne Schädigung seiner Großmachtstellung möglich war. Als es das Scheitern des gemeinsamen Werkes voraussah, nahm es die Aufgabe selbst in die Hand; schon 1853 erwarb es von Oldenburg das Gelände, auf dem es dann Wilhelmshaven entstehen ließ. Es schuf eine eigene Marine und trug den Flottengedanken hinüber in das neue, preußisch-deutsche Reich, einer ungeahnten Zukunft entgegen.